Quiyemati Editores

❧

Teléfono:
01152-33-33672024 Guadalajara
(310) 657-9069 USA
drelopez@yahoo.com

Diseño de portada: Michael Buitrón
Diseño de la página titular: Clint Steinhauser
Fotografía de esposo: Bruce Sutherland
Fotografía de autor: Don Tinling
Diseñador gráfico: L.D.G. Graciela Sánchez Jiménez

Agradecimientos

ଓଃ

Un gran agradecimiento a Douglas Sadownick, Ph.D., L.M.F.T., Chris Kilbourne L.M.F.T., Mitch Walker, Ph.D., y al *Institute for Contemporary Uranian Psychoanalysis* por guiarme en conocerme *gay* psicológicamente.

A Jenny Martin por su interminable apoyo.

Adriana Quezada, Allan Hill, Alonso Bautista, Alma Flores, Anna Solt, Astrid Reina-Patton, B.A., Bara Bonnet, Barbara Ontoff, Bertha Vallejo, Berta Carlos, Birnell Slocumb, Bradley Fish, Brian Dalton, Brian Freedman, Brit Billeaud, Bruce R. Anderson, Bruce Wright, California Men's Gatherings, Carole Goguen, Carlo Gentile, Carlos Saucedo, Cindy Yoshitomi, Clint Steinhauser, Craig Cotter, Cristina Yamakawa, Curtis Rhodes, Daniel Carrera, Daniel Muff, Donna Truong, David Hollen, David M. Wolff, Dharma Kaur, Elena Balzac, Eloisa Carlo Hurtado, Emiliana Avendaño, Emily Alexander, Esther Sánchez Carlos, Fernando Navarro, Frank Theobald, Gali Kronenberg, Glenn Gulbrandsen, Graciela Sánchez Jiménez, Greg Tennis, Guadalupe Morales, Guillermo Franco, Hector Carlos, Irma Carlos Hurtado, Invisible Theater, Jacklyn Rodríguez, James Keithly, Jason Dana, Jason Jenn, Jeff Amato, Janice Ridenour, Jim Yandell, Jo-Jo, Jose Campos, Karin Hart, Ken Symington, Kevin Curdt, Kirstin Nelson, Lara Schmidl-Simandi, Larry Levi, Lilian Reina, Lily Klauer, Luis Carlos Lopez, Luis Vizcaino, Luz Robles, Dolores Carlos, Bandera Carlos Hurtado, Malcom Groome, Marlene Del Rios, Marti Stern, Martha Flores, Matthew Pallamary, Michael Buitrón, Michael Pizzo, Miguel Aguero, Milena Pflügl, Monique Beeler, Nancy Dess, Neil Wyzonosky, Nick Brill, Norma López, Ofelia Carlos Hurtado, Omar Baños, Oscar Flores, Pablo Alvarez, Pam Roberts, Pau Pinor-Rauno, Paul Batmanis, Paul Manchester, Paul Murphy, Paul Satz, Rand Pate, Robert Ellis, Roland Palencia, Roman López, Rony Rengifo, Rosa Carlos, Rosa Peña Rodríguez, Salvador Valadez, Samia Markson, Sara Gonzalez, Scotti, Sergio Cortinovis, Sonia López Carlos, Steven Issacman, Susan Keith, Teresita Villaseñor, Thais Anguiano, Thomas Breckner, Thuy Cao, Veronica Porche y Vince Garcia.

Por todo su apoyo, cariño, y amor, dedico con pasión
zapatista este libro al
Dr. Gaston M. Pflügl

[1]

YO CELEBRO A MI SÍ-MISMO,[1]
Y lo que yo asumo tú debes asumir,
Por cada átomo que pertenece a mí como bueno
                                      te pertenece a ti.

Descanso e incito a mi alma,
Me recargo y descanso con gusto[2]
                  ....observando una brizna de zacate[3] veraniego.

                 —*Walt Whitman*
                 Hojas de Zacate (Canto de mí Sí-mismo*)*
                 Penguin Classic 1986

---

[1] Uso el Sí-mismo definido por C. G. Jung

[2] Al lado del Doble (definido por Mitch Walker en 1976)

[3] Tradujo la palabra zacate de origen Náhuatl en vez de Hierba—porque hierba en inglés puede tener connotación de ser planta mala Diccionario del Español Usual En México: 1996

Prólogo

Para ganar la guerra contra el SIDA en Latinoamérica se tiene que hablar abiertamente sobre la sexualidad, sin ninguna pena. Tenemos que descutir, explorar, y sentir nuestros daños y deseos psicológicamente. Por eso, sin pena, te contaré sobre como empecé a entenderme espiritualmente en una experiencia que tuve enredada entre la cultura, la religión y mi sexualidad. Usaré mi español común y corriente como el que hablaba de niño cuando trabajaba en los campos de California cuando fui contrabandado y trabajado ilegalmente. Lo contaré desde mi punto de vista como *quiye'mati*[4] nacido en el estado de Zacatecas y de cómo declaré mi orientación *gay* a través de un circo católico que profesaba su evangelio en el Medio-oeste de los Estados Unidos a los veintiún años. Que fue el primer paso de 'salir del ataúd'—de donde tienen que salir los latinos(as) y no del típico armario. Este fue el comienzo de un proceso largo para empezar conocer mí *gay* Sí-mismo.

---

[4] **Quiye'mati**
　　1. Gustar, sentirse bien; ejemplo: *Cocone' quiye'matij iga mahuiltiáj a-ijti'*. A los niños les gusta jugar en el arroyo.
　　2. Se dice una persona a quien le gusta tener relaciones homosexuales. Véase: *-ye'-*; *Quimati*:

-ye'-
　　1. Bien. *Ye'chijto'*. Bien hecho. *Yectito'*: Estar bien (de salud)

Quimati
　　1. Saber; ejemplo: *Quen yej quimatiy, tiquitaj fácil*. A él que ya sabe, le parece fácil. *Tamati*: Saber de magia; *ta-ixmati*: Saber leer; *tematilis*: Sabiduría; *Yej tamati*: brujo

mati
　　1. ¡De plano! (por completo; sin ocultar)

Quixmati
　　1. Conocer

Diccionario Náhuatl de los municipios de Mecayapan y Tatahuicapan, Veracruz—segunda edición (2002)

1

Nací estrellado. Un día me encontré sin estrella en una oscuridad total. Estaba en un lugar negro, más oscuro que cualquier noche que había conocido. Porque ni entraba el oxigeno, sabía que yo no duraría mucho tiempo. A la edad de cuatro años, por ser *gay* me atraparon en un refrigerador abandonado—uno de esos viejos que se atrancan.

Aunque nadie me escuchaba, ya empapado en sudor golpeaba y gritaba con toda mi fuerza. No sabía si yo me debilitaba por el cansancio de patearle o porque se acababa el oxígeno. Muy pronto ya no iba a pertenecer a este mundo; mis manos habían perdido la fuerza para luchar y mis pies no tenían estabilidad para pararme firmemente en esta tierra.

Todavía podía oír la voz de mi mamá que nos decía, "No jueguen cerca de ese refrigerador viejo. ¡Se pueden morir!"

Cuando ella nos había dicho esto, yo cabeceaba que "Si" porque siempre la obedecía. Pero ya era muy tarde, solo mí última memoria se repetía...

Me habían dicho jugando, "Si te metes tu primero, después nosotros nos metemos."

Sacaron los separadores oxidados y calcificados de metal para que yo entrara. Me dieron el pase y yo los miré de forma rara, indicándole que no deberíamos hacer esto.

"Sólo por un ratito y luego nosotros." Me aseguraron que estábamos jugando.

Sin entrar, primero dí una mirada dentro del refrigerador. Yo puedo caminar perfectamente dentro de él—era como si fuera hecho para mí—no tenía que agacharme porque mi cabeza no alcanzaba el techo. Tampoco se sentía frío porque había estado desconectado por algún tiempo. Él era como un familiar que daba lástima porque lo habían abandonado. Siempre nos había regalado helados y gelatinas deliciosas, esas de tres colores—verdes, blancas, y rojas—hechas con mucho cariño y cuidado para separar los colores de la bandera mexicana.

Por primera vez, dudé de mi mamá. Él no mataba y quería jugar conmigo. Por ser más fuerte que una caja de cartón, él sería mi castillo en donde yo podría hacer lo que quisiera—donde yo reinaría.

Con una cortesía colonial, típico de un caballero Jerezano, sentí que me ofreció gentilmente el pase. Con un solo paso, me encontré completamente dentro de él. Me estiré y dejé que la sensación de las puntas de las yemas tocara el calor de su interior envejecido y amarillento. Cerré los ojos y respiré profundamente. Aunque la puerta estaba abierta, olí sus feromonas que venían de sus rincones íntimos. Me derretía en él.

Me señaló que quitara mis deditos de la puerta para no lastimarlos. De repente, una fuerza poderosa atrancó y selló la puerta. Mis ojos nunca habían conocido tal silencia oscuridad. No registraban ningún rayo de luz. Aunque todavía no entendía la muerte, me enfrenté a la realidad de que yo patentemente existía. Por primera vez escuché mi respiración y que mi corazón retumbara constantemente.

Tragué saliva. Con esperanzas y con una voz temblorosa les pedí, "Abran la puerta."

No ocurrió nada. Levanté mi voz por si no me oían. "¡Abran la puerta!"

Nada.

Aunque ya muy tarde, reconocí que el refrigerador sí mataba. Le empecé a dar de patadas, y él no cedía. Llorando sabía que todos se burlaban de mí—que yo era un maricón...

Mi muerte a la edad de cuatro años ni siquiera sería una estadística de niños que mueren atrapados en refrigeradores porque en Zacatecas no se registraban esas cosas—menos las de niños *gay* asesinados. Quizás inconscientemente ya sabían que yo era *gay*. Les habían enseñado que tal existencia se tenía que matar y por eso yo me encontraba metido en un ataúd en el cual perfectamente cabía. Sería la escena de un crimen perfecto 'que estábamos jugando'.

También, un niño menos podría significar más amor para los demás. En ese entonces, mi madre a la edad de 25 años ya tenía cuatro hijos, uno cada vez que mi papá emigraba. La madre de mi madre había tenido 13 casándose a la edad de 16, y la madre de ella tuvo 17. Así como los niños *gay*, las mujeres estaban atrapadas. Yo no entendía la crueldad de la sociedad—no hacía nada para protegernos o cuidarnos. Por mucho tiempo, yo acepté inconscientemente sus enseñanzas como lo hacíamos todos pasivamente.

"¡Mamá! ¡Mamá!" convoqué a la más poderosa, la madre de todos los Dioses, "Coatlaxopeuh."

En este instante, era difícil descifrar quien estaba frente a una luz que encandilaba. "¿Venía a liberarme de este mundo mexicano homofóbico?"

Me dirigí hacia la luz brillante, cayéndome en sus brazos boca arriba. Acomodé mi cuello en uno de sus brazos, colgando mi cabeza. Luego coloqué mi mano en mi frente, hice los ojos en blanco para atrás, y saqué la lengua—así como le hacen en esas viejas películas mexicanas de la época de oro en blanco y negro al último momento de la muerte.

Mi madre me aventó al suelo cuando se dio cuenta que aún estaba vivo, para poder corretear a mís hermanos y pegarles.

Si me preguntas, "¿Cuánto tiempo estuviste dentro del refrigerador?"

Contestaré "¿Qué no se?"—ya que las emociones intensas tienen la tendencia de cambiar la perspectiva del tiempo. Lo que si se es que fue suficiente tiempo para que me aterrorizara estar atrapado y por eso muchos años después me declaré *gay*. Al declararme quien soy yo, fue el comienzo del desentierro psicológico de mi ataúd interno.

Todo empezó en Marzo en 1989 cuando tres tráileres blancos rodearon la plaza principal de la universidad. Esos tráileres blancos contenían un circo católico con animales salvajes, un sacerdote que era el maestro de ceremonias, trajes similares a los de la época de Isabel I, y jóvenes en mallas. Para mí, fue amor a primera vista.

2

Cuando vi que tráilers blancos rodeaban la plaza principal de la universidad, no pensé mucho porque yo me imaginé que una nueva película sería filmada—eso era común en Los Ángeles. Lo que me sacó de onda fue que Sandy los estaba dirigiendo. Ella era la encargada del centro católico en la universidad.

"¿Qué está haciendo?" le pregunté al verla guiar a los tráilers.

"Contraté un padre que hace su misa a través de un circo católico. Nunca había oído tal cosa, pero pensé que sería bueno para ustedes, especialmente durante los exámenes." Ella, como yo, también estaba asombrada.

"¿Puedo ayudar?" Le pedí aunque yo todavía tenía mucho que estudiar.

"Pregúntales que necesitan porque van a pasar la noche aquí. Mañana será la función."

Sandy me dejó ayudar, ya que yo había sido uno de los voluntarios constantes en nuestro pequeño grupo católico.

Cuando los tráileres ya estaban estacionados, el padre Antonio se presentó primero y luego un grupo de jóvenes nos dijeron sus nombres.

"Hola, me llamo Carmelo, necesitamos electricidad." Nos preguntó. "¿Donde están los enchufes?"

Sandy con una sonrisa me encargó que lo ayudara.

Al verlo, no pude decir nada y me quede inmóvil. Él tenía una cara parecida a las estatuas masculinas de Miguel Ángel, unos ojos marrón que derretían a quien los veía. Su pelo ondulado y de color castaño casi tocaba sus hombros. Tenía puesto un sombrero gris Francés que estaba inclinado hacia un lado. Su camiseta desgastada tenía pequeños agujeros que definían muy bien su pecho muscular. No había duda que él tenía herencia europea, y muy cerca del Vaticano. En ese entonces pensé secretamente en lo guapo que era, "no lo han de dejar en paz."

Ya cuando encontramos los enchufes era muy claro que él tenía una buena rutina y ya no me necesitaba. Aunque me sentí inútil, decidí no retirarme.

Después de unos minutos, lonas de 10 metros pintadas de colores básicos con objetos cirqueros fueron colocadas a los lados de los tráileres. Anunciaban "El Circo Colibrí, el circo más pequeño y completo del mundo. Mañana a las 11:45 AM. Gratis"

Sandy y yo nunca habíamos visto tal cosa en la plaza de la universidad. Para disimular y no vernos tan embobados, ella dijo, "¿Tienen hambre? Los invitamos a cenar en la cafetería."

"Se lo agradeceremos mucho, así no tendremos que cocinar," húmilmente respondió el sacerdote que por fin se presentó.

El padre no parecía un sacerdote. Él tenía puesto ropa común y corriente—pantalones de mezclilla, una chamarra azul, y una cachucha. Todo lo que tenia puesto era como de segunda, por ello parecía más a un cirquero que un padre. Con entusiasmo y con una fluidez en su lenguaje seguía platicando sobre el circo. Cuando se reía se veían que los dientes de enfrente estaban separados. Su pelo era largo y pelirrojo lo noté porque se le salía por los lados de su cachucha.

"Enrique, llévalos a la cafetería. Los acompañaré en unos minutos. Tengo que cerrar mi oficina." Me dijo Sandy.

Sandy tenía pelo largo—siempre lo tenía de diferentes tintes y cuando la veíamos nunca sabíamos de qué color nuevo nos sorprendería. Ella tenía unos intensos ojos azules. Aunque cariñosa, ella no se parecía nada a una monja porque era casada y porque vivió durante la generación hippy—contra la guerra de Vietnam. Ella no nos juzgaba y nos apoyaba en todo.

"Síganme," les dije con mucho orgullo por poder ser servicial cuando Sandy me dejó con ellos.

En la cena, el padre Antonio explicaba que el circo había comenzado hace diecisiete años cuando el enseñaba literatura inglesa en una universidad católica. En ese entonces, solo hacían el circo unas veces en calles públicas. Ahora, el circo viajaba por todas partes de los Estados Unidos e iban a las escuelas católicas, las ferias, y a los hospitales para enseñar paz y amor.

Mientras él hablaba, los jóvenes no decían mucho. No sé si por respeto al padre o por estar hambrientos porque devoraban todo. Yo no decía nada porque me habían educado que debía callar cuando los mayores hablaban, especialmente cuando se trataba de un sacerdote.

Nos dijo que para él, el circo era una forma de dar su misa y que solo era posible por los jóvenes voluntarios. El padre Antonio era el director, tenía dos encargados, y seis jóvenes misioneros. Ellos hacían todo, armaban el circo, presentaban la función, y lo desarmaban todo. Luego, se mudaban al siguiente lugar. Todo lo movían en tres tráileres: El equipo del circo, los animales, las habitaciones, la cocina, y el baño. Para mí era como una pequeña arca de Noé.

Después de la cena, nos despedimos con una gran amabilidad. Yo no quería irme porque quería hablar con los jóvenes voluntarios. Con ellos si me sentía a gusto hablar. Sólo que los jóvenes también se dispersaron y muy pronto me encontré solo.

No quise regresar a estudiar al dormitorio, me dirigí al campo ruidoso atlético. Sentado en las gradas, intentaba prestar atención al juego de rugby, pero mi mente se distraía con el circo. Me ilusionaba huir con el circo—así no tenia que tomar exámenes o tener que pensar que iba a hacer después de recibir mi título ya que sólo me faltaban unos cuantos meses. Pero con lo que más fantaseaba era que quería pertenecer a algo, porque dentro de mí sentía que yo no existía.

3

En medio de la fantasía de correr al circo, me dí cuenta que uno de los jóvenes misioneros estaba viendo el rugby. Gary era alto y delgado. Aunque estadounidense, tenía unos ojos chiquillos y oscuros. Estaba bien peinado, con pelo cortito, y nadie se hubiera dado cuenta de que él pertenecía a un circo. Yo si noté que sus pantalones de mezclilla tenían manchas de aceite que ya no se quitaban y que sus zapatos eran corrientes, sin marca. Durante la cena, Gary fue reservado.

"Hola, soy Enrique. Te acuerdas de mí." Le toqué el brazo.

"Si, claro que si."

"Se me hace increíble lo que hacen." Lo admiré.

"Gracias," me contestó modestamente y a la vez orgulloso.

"¿Cuánto tiempo tienes en el circo?"

"Terminamos en Mayo y luego empezaré mis estudios en la universidad."

"¿A cuál universidad aplicaste?"

"Apliqué a varias. El Padre Antonio tiene muchas conexiones y podré recibir una beca. También apliqué a unas de las mejores universidades en los Estados Unidos en teatro. Pero todavía no se si salí en listas. ¿Y tú que estudias?"

"Psicología y ya estoy por terminar. Pero no tengo ninguna idea que voy hacer después. Mi consejera de estudios me recomendó que haga algo por un año que no tenga que ver con mis estudios para que luego me pueda concentrar en un postgrado. ¿Y tú como llegaste al circo?"

"El circo vino a mi secundaria católica en San Louis, Missouri. Como me gusta estudiar teatro y soy apegado a mi religión, pensé que el circo sería una buena opción. He aprendido mucho de mí."

"¿Es difícil estar en un circo?" Le pregunté

"Es como todo. Todas las cosas tienen sus dificultades. En el circo hay mucho trabajo, nos mudamos todos los días, y todos tenemos que aprender a vivir juntos porque vivimos en muy poco espacio."

El juego de rugby seguía ruidoso, y por eso decidimos irnos a caminar por la universidad hasta llegar a mi dormitorio.

En mi cuarto, Gary hablaba sobre su fe y me dijo que era muy importante para él. Yo le expliqué que aquí en la universidad el catolicismo no era tan riguroso como lo había aprendido cuando era niño. Sandy nos guiaba diferente.

"¿Necesitas algo, te falta algo para el camino?" Le pregunté.

"No, solo hablar contigo. Agradezco que me escuches." Gary me contestó y luego me preguntó, "¿Qué vas hacer cuando te gradúes?"

"He pensado en irme de misionero a Guatemala a una organización católica para jóvenes de la calle. Después de mis exámenes mandaré mi aplicación. También, había pensado en ser voluntario en el programa Vista o Peace Corps pero como no soy ciudadano estadounidense no puedo aplicar."

"¡Tú podrías tomar mi posición en el circo! Yo creo que serias excelente. Mucha gente está aplicando pero yo se que el padre Antonio esta buscando alguien como tú."

"¡Yo estaré en la calle en vez de ayudar a los que están en la calle!" Yo me reí.

Él me contesto con una seriedad. "El año que viene van ha viajar por el Medio-oeste. ¿Conoces el Medio-oeste?"

"No, no conozco esa parte de los Estados Unidos." Contesté.

"Cuando estén en San Louis, me podrás visitar."

"¡Puedo caminar con las manos!" Yo salté para enseñarle y lo dirigí hacia el pasillo del dormitorio aunque yo no hablaba muy en serio acerca de irme al circo.

"¡Qué increíble! Serías un espectáculo." Me dijo después de verme caminar con las manos.

"También puedo subir y bajar los escalones. Siempre quise ser un gimnasta."

"El Padre Antonio te enseñará. El entrenamiento no empieza hasta el verano y así podrás terminar tus estudios."

"Pero soy tímido, me pongo nervioso frente a la gente. No creo que lo pueda hacer."

"Entrenarás por dos meses todos los días. Créeme, el padre Antonio te ayudará y encontrará habilidades en ti que tú ni conoces. Él es increíble, no te dejará hacer nada que no puedas hacer. Además el entrenamiento será en Santa Bárbara, California. El noviciado es precioso."

"No lo puedo creer. Yo en un circo. Ni sé como malabarear." Le dije un poco nervioso.

"¡Tenme confianza! Serás perfecto."

"¿Qué espectáculos tienen en el show?"

"Eso es un secreto." Gary me respondió y señalando que se tenia que regresar al circo. "Lo verás todo mañana. Acuérdate que es a las11:45 de la mañana."

"No me lo perdería por nada." Le dije aunque estaba medio asustado porque no sabía en lo que me estaba metiendo.

Lo encaminé a donde estaban los tráileres donde parecía que ya todos estaban durmiendo.

"Adiós," susurré porque no quería despertar a los otros misioneros.

"Adiós," me dijo. Se metió por una puerta al lado del tráiler.

Yo me dirigí hacia mi dormitorio sintiéndome contento, cansado, y al mismo tiempo nervioso.

"Ven aquí," Gary salió del tráiler "Se me olvido algo."

Cuando me acerque, él me dio un abrazo. Se tuvo que agachar porque era muy alto.

Yo no me esperaba recibir un abrazo de él, especialmente de un hombre blanco. Nosotros los hombres mexicanos, si nos abrazábamos pero cuando estamos borrachos—muy pocas veces había abrazado a un estadounidense.

El abrazo de Gary lo sentí tan normal, creo que los misioneros si se abrazaban. En ese momento al estar entre sus brazos, no me sentí solo o confundido acerca de lo que iba hacer de mi vida. El miedo al futuro desaparecía y mis posibilidades parecían no tener fin.

4

Aunque casi no dormí toda la noche por estar estudiando para mis exámenes y pensando en el circo, me levanté temprano para comprar rollos para mi cámara. Gary me había dicho que su mamá nunca había visto el circo y yo le quería mandar fotos de él en el circo. Me había dado cuenta de que Gary aunque estadounidense venía de una familia pobre.

Cuando fui a los tráilers para ver si los misioneros ya se habían levantado, me sorprendí que todo el circo ya estaba construido: la cortina principal, el trapecio, y el alambre por el cual los trapecistas caminarían. La pista principal—el aro de color rojo y amarillo—estaba frente de una cortina por donde saldrían los jóvenes ejecutantes haciendo sus espectáculos. Todo el circo estaba sin cubrir, al aire libre, para que todos lo pudiéramos ver—sin ningún costo para los estudiantes. Los misioneros—como arañas en la madrugada habían tejido su telaraña para atrapar a sus víctimas, nosotros. Había un silencio. Ellos se escondían. El trapecio de terciopelo rojo, apenas se movía hacia adelante y hacia atrás por no hacer mucho aire en la mañana. Ni de la antigua pianola salía algún sonido. Esas pianolas viejas cirqueras que se ven en el carnaval que pueden tocar solitas con toda la fuerza de una banda completa con acordeón, clavicordio, tambores, pandereta, y silbatos. Uno bien sabía que la pianola era del siglo pasado por el miedo que se sentía al ver su color rojo oscuro que parecía sangre y al ver sus figuras pintadas a mano con caritas blancas que parecían de porcelana con sus ojos de estrellitas negras y boquitas redondas sin sonrisa, como gritando. A uno le daba miedo que la pianola tocara sola, y no por la tecnología del siglo pasado cuando el aire pasaba por hoyitos de papel amarilleado, sino porque estaba espantada de ánimas de todo lo que había visto y que algún día se iba a enojar por tanto que la habían hecho trabajar solita.

El ruido se empezó a oír, pero no era del circo, sino por la cacofonía de los estudiantes cuando se acercaban. Los alumnos no se arrimaban mucho, y no por respetar las sogas de medio metro en el perímetro del circo, sino por si acaso un animal feroz saltara de la cortina principal. Atrás de la cortina no se podía ver nada porque estaba hecha de una lona negra y gruesa que sobre ella tenía tejido con telas de color metálico, el nombre del circo, y globos que irradiaban los rayos del sol de la casi primavera.

Cuando el ruidazo empezó a amplificarse de tantos estudiantes que había, una melodía de música cirquera que apenas se podía oír empezó. De la cortina, salió un payaso amistoso, vestido de blanco y con rayones rojos. Tenía una pluma enorme que le colgaba de su elegante sombrero. Me di cuenta de que el payaso, *Monsieur Le Plume,* era Carmelo. Él salió a saludarnos. Los estudiantes embobados no se dieron cuenta que su propósito era aplacarnos y sentarnos. Nos empezamos a callar cuando caminaba entre la multitud. También, salió otro payaso con el vestuario parecido, como si fueran gemelos. Solo que el otro era alto, como de tres metros, por estar en zancos.

Ya cuando empezó el circo todo pasó tan rápido que era imposible acordarme o describir lo que vi, solo me acordaba bien de cómo la pianola retumbaba al crear música y que yo sacaba muchas fotografías. Lo que si me acuerdo es que me sentí niño sin poder contener mis emociones. No pude aguantar las carcajadas ni la alegría y por eso me escondía detrás de la cámara. Yo admiraba al maestro de ceremonias, el sacerdote, con sus chistes de lo tonto que somos al no vivir nos hacía reír. Él también se pintó de payaso como los misioneros, pero no de los corrientes con patotas y nariz rojas, sino como los que entretenían a la reina Isabel I. La reina virgen que gobernó a la edad de 25 años a Inglaterra por casi 45 años en 1558. Aunque fue acusada de prostituta, bastarda, y hereje, ella dirigió a Inglaterra a su gloria y a su época dorada. Ella venia de una niñez espantosa porque su papá, el rey Enrique VIII, le cortó la cabeza a su mamá porque la tuvo a ella y no un varón. La reina Isabel I hizo más que cualquier hombre hubiera hecho por Inglaterra. El sacerdote daba la apariencia de ser en vivo esa reina— por ser pelirrojo con maquillaje blanco, de sus horrendos dientes salía su voz Shakespeareana, y por su vestidura elegante de un color azul real con mangas esponjadas con un cuello apretado bordados de listones brillantes.

El padre, el maestro de ceremonias, también realizó sus propios espectáculos—caminó encima de una escalera de espadas, comió fuego, y realizo malabares con aros que cambiaban de colores cuando los aventaba al aire. Él contó fábulas que sermoneaban la amistad y paz.

Al final del espectáculo, el padre Antonio nos pidió que, "Por favor tomáramos un segundo o dos de nuestro tiempo esa noche para pensar en la paz del mundo." Él saco un gorro pidiendo limosna porque lo que hacían era voluntario.

No pude contener mis lágrimas. Desde ese momento, me dí cuenta que yo si iría al circo, eso era definitivo. Por primera vez, la religión tenia sentido de cómo debería de ser.

Me esperé después del espectáculo para ver y platicar con Gary.

"¡Enrique! ¿Qué te pareció?"

"Saqué más de cien fotografías," Le dije por no poder describir lo que sentía.

"Padre Antonio, Enrique quiere venir al circo el próximo año. ¡Él sería fantástico! Él puede subir y bajar escalones con las manos," "Enrique ¡Demuéstrale!"

El padre Antonio se acercó. Aunque se me hacia raro enseñarle a un padre como caminaba con mis manos, me sentí más a gusto mostrándole que hablar con él. No sabía de que platicar con un padre, solo que sería una conversación con mucho respeto. También, no era el momento adecuado para confesarme.

Cuando terminé de demostrarle mis habilidades al lado de unos escalones, me volví a parar con los pies pero esta vez en una posición recta como si hubiera terminado mi rutina en un campeonato de gimnasia.

"¿Qué le pareció padre?" Le pregunté orgullosamente.

"¿Esos son tus verdaderos dientes?"

"Si" Le contesté.

"¿Te gustaría colgarte de ellos y dar vueltas en el aire?"

Me reí, no se si por lo chistoso de verme colgado de una soga por el hocico dando vueltas después de un título universitario o por los nervios de no querer perder mis dientes.

"Tienes una sonrisa hermosa y todos la deberían de ver."

Me di cuenta que me había sacado un diez. Aunque me sentí orgulloso, me sonrojé. Siempre había sido invisible. Como mexicano en los Estados Unidos sentía que no existía. Siempre había recogido frutas y verduras en el campo, cocinaba y servía la comida a otros, o limpiaba después de lo que otros habían ensuciado, todo funcionaba de forma precisa pero sin que mi presencia se notara y cuando alguien me reconocía yo me avergonzaba.

Esta vez hasta un padre estadounidense se había fijado en mí. ¿Sería cierto lo que me había dicho? De que pertenecía a donde las personas me podrían ver. Era yo palpable.

"Pero padre, no tengo ninguna experiencia." Le confesé.

"Hay mucha gente que ha aplicado y solo habrá dos lugares, pero tienes una buena oportunidad de ser elegido. Tienes que llenar la aplicación, y mandarnos una muestra de tu voz en una cinta. Quiero que leas una parte de una obra o un poema."

"Si, padre." Le contesté aunque desilusionado. Estaba seguro que no me aceptarían porque mi voz era tímida y hasta tenía acento. ¡A poco él no se daba cuenta que mi voz no tenía buena proyección!

No fui a clases porque quería estar con ellos hasta el último momento antes de que se fueran. Calladito me quede al lado del padre hasta que todo estaba bien empaquetado. Gary vino y me colocó algo en la mano, "Aquí esta la aplicación."

"La completaré lo más pronto posible." Le dije.

"Mi dirección también está allí. ¡Escríbeme!" Se metió a una de las camionetas. Bajó la ventana para decirme adiós.

"Revelaré las fotos hoy y luego te los mandaré." Le grité.

Los tráileres se empezaron a retirar de la plaza principal de la universidad. Me esperé ahí hasta que desapareció el último vehículo.

La aplicación que me había dado Gary era lo único que
me ayudaba a no dudar que lo que había visto era real.
Que no había alucinado.

5

Cuando el circo católico llegó, era como una escena amorosa intensa y acelerada, de esas que no duran mucho tiempo. Sin yo esperarlo, el circo se presentó. Me sedujo y me desarmó. Antes de verlo, ni sabía que existía, y después que lo vi, yo sentía que no podía vivir sin él.

Yo ya estaba para recibirme de la universidad. Yo se que se oye ilógico, obtener mi título de una de las escuelas más prestigiosas de los Estados Unidos y ¿Aventarme al circo? Pero, el amor no tiene leyes y retoña libremente en donde uno menos lo espera. Así como el amor, a mí me gusto hallarme en donde menos me esperaba y por eso ahora me localizaba en una de las más hermosas, prestigiosas, y costosas universidades en California—yo no debería de estar aquí por ser un pobre mexicano.

No me quiero acelerar mucho con lo del circo, y por eso es importante regresarnos a mi pasado. Lo bueno es que podemos devolvernos a donde queramos por nuestra habilidad mental. Me puedo regresar cuando vi el circo, cuando primero asistí a clases a la universidad, me gradué de la preparatoria y mis padres se fueron a México. Y ahora más rápido—cuando estaba yo en la secundaria y la primaria, cuando aprendí inglés, cuando pasamos la frontera y asistí a la pre-escuela en el Jardín de Niños de Ramón López Velarde. Cuando primero dije "mamá," caminé, y gateé, mis padres tuvieron a mis hermanos mayores, cuando mis padres se casaron, y mis abuelos los tuvieron a ellos. Los abuelos de mis abuelos nacieron. El primer mestizo, Martín Cortez, nació de la Malinche y Cortés, nos agarrábamos de las orillas de los barcos vomitándose por que el mar estaba enfurecido—deteniéndonos con todas nuestras fuerzas y esperanzas para no caernos a la orilla del mundo. Y por la otra ascendencia, cuando vivíamos en Aztlán y domesticamos el maíz, el fríjol, y la calabaza. Cuando nuestros antepasados cruzaron por hielo, hasta llegar el día cuando todos éramos de África.

Me regresé demasiado pero lo bueno es que nos podemos transportar en un instante sin tener que repasar todo hasta llegar a mi nacimiento que casi era más como un aborto. Solo te quiero advertir que en la verdad de mi pasado es difícil distinguir lo que yo me acuerdo o lo que se me contó. Pero si se mucho porque fui intoxicado de historias de México, aunque solo viví cinco años en Zacatecas. Las memorias siguen vibrantes y pintadas en mi mente, incapaces de distinguir entre mi propia realidad y la que mi mamá me contó mientras nosotros limpiábamos mansiones en los Estados Unidos. Sus cuentos melancólicos se mezclaron con los míos cuando yo le ayudaba.

Lo único que si se es lo de mi nacimiento porque ese yo si lo viví solo. Sé que pensaras que es casi imposible que yo me acordará de eso. Aunque todavía no tenía conciencia, lo que si me acuerdo es de como se sentía mi cuerpo, lo inconsciente, porque eso todavía se siente ahora por cómo reaccionó psicológicamente. Eso, el cuerpo nunca lo olvida. Aunque yo fuí el tercero, fuí el primer nacido cuando no estaba mi padre con nosotros. El día que yo iba a nacer, mi madre tenía fiebre alta y estaba completamente disociada. Yo adentro de ella me estaba cociendo vivo. Yo era incompatible con la sangre de mi mamá, ella era Rh- y yo A+. Ella ardía porque me veía como una infección, y me rechazaba y atacaba químicamente.

Los dos estábamos en una de esas guerras en donde se usaba químicos. Yo estaba perdiendo. Mi saco amniótico ya estaba roto y el líquido pronto ennegrecía. Como en cámara lenta y con sonidos en agua, yo me quedé quieto dejándome matar. Se apagaban lentamente todas mis neuronas sin yo tener que vivir lo que me esperaba afuera. Pero al último momento, que así casi siempre hago las cosas, luché para salir de ella—sin ningún empuje o ayuda de ella. Luché hasta que sentí un ardor en todo mi pecho, el dolor más fuerte que todos sentimos al tomar la primera respiración. Lloré sintiendo el gran dolor para abrirme de todo lo que me esperaba en este mundo. Eran esos momentos, lo más importante para un niño *gay*, y no los primeros cinco años como lo indican algunos psicólogos. En esos primeros momentos, yo necesitaba a un papá que me sacará de la persona que me había salido peleándome. Necesitaba que me abrazara soplándome y untándome agüita. Que me dejara vomitar lo que no era mío. Como niño *gay* yo no necesitaba nada de mi mamá, yo requería que mi papá me detuviera mientras el acariciaba mis labios con su dedo fálico para sentir esperanza al mundo al cual yo entraba.

Pero no fue así, a mi mamá se le dio una aspirina para que atendiera a sus otros dos niños llorones. Ella por su gran calentura ni se dio cuenta que yo había nacido. Por haber nacido prematuro en casa sin existir ninguna incubadora, le dijeron a mi mamá que no tuviera esperanzas de que yo viviera mucho tiempo. Lo que si me mantuvo vivo fue la cobija eléctrica que había mandado mi papá. Yo no dije ni pío—solo cuando se iba la electricidad me salían sonidos como los chillidos de un ratón.

De niño, mi mundo se limitaba a un pueblo empedrado, católico y supersticioso que fue fundado al interior del país en el estado de Zacatecas en el siglo dieciséis. Todos hablamos español, teníamos una religión, y nos parecíamos—aunque unos más prietitos que otros. La excepción eran los gitanos, ellos eran diferentes. El pueblo estaba situado en un valle de montañas, al lado de la Sierra Madre Occidental. Estaba ubicado a una altura de dos mil metros, donde las señales de radio o televisión no entraban.

Vivíamos en una tierra sagrada, en una tierra de de la gran Chichimeca. Escapando a la esclavitud y al cristianismo, unos bajaban de vez en cuando de la Sierra Madre Occidental para recetar remedios. Mis abuelos regatearían con ellos sus pociones de peyote en alcohol para frotarse y curar sus enfermedades psicosomáticas. Las viejas campanas de la iglesia sonaban a toda hora, oleando su sonido a través del pueblo para recordarnos el pecado original. Con la mayoría del pueblo inconsciente, el sexo y las pasiones se infiltraba en cada esquina imaginable, así como las vibraciones de las campanas.

Esas mismas campanas sonaban con mucha resonancia y eco, especialmente a la medianoche, para advertirnos que el Diablo ya estaba desencadenado y libre para gobernar en las tinieblas.

Cerca existió la Mina del Edén, una de las más importantes minas de la Nueva España. Ella misma fue violada y explotada como los indígenas. Muchos pueblos coloniales brotaron como flores. Como tiende a pasar con el oro y la plata, diferentes insurrecciones surgieron a través del tiempo causando desconfianzas a los bancos y por eso la gente rica escondía sus monedas en todo lugar inimaginable: entre las paredes de adobe, adentro de los pilares, y al sembrar árboles. Y por eso se dice que una población grande de ánimas viven allí protegiendo estos tesoros.

"Carlos" era el apellido de mi madre, inseguro en cuanto a sus orígenes, especialmente debido a su aspecto inusual de ser nombre. Esta singularidad sin embargo sugirió que quizás hubiera una parte de nosotros que no habían sido católicos. Debido al miedo de la inquisición española, conversiones masivas ocurrieron y nuevos apellidos fueron tomados negligentemente sin saber que eran nombres. "El qué dirán" estaba ya bien impregnado en nuestra casa, ocultando a otros quiénes éramos, viviendo en el peligro eminente asustados de ser acusado por chismes mortales, sin juicio justo. En las reuniones y festividades se comían patas y orejas de cochino en vinagre, chicharrones y carnitas para demostrar la conversión total. Ya que el sacrificio humano y el canibalismo se había desaparecido, los españoles solo podían usar lo homoerótico para justificar la conquista ya que era apreciado por los Dioses. Las autoridades arrestaron a 123 personas en 1658 de homosexualidad.

Aún era más difícil discernir, qué parte de nosotros había sido europea o indígena. Vivimos con un terror interno constante de haber sido violados y esclavizados o si nosotros habíamos sido los violadores. Tampoco no escapamos de la neurosis Mexicana "Si deberíamos sacrificarnos o no," la lucha infinita de nuestros Dioses nativos.

Vivimos solos en una casa inmensa frecuentada por ánimas. Era una casa con múltiple pilares y de paredes de adobe de medio metro. Algunas veces la casa era visitada por el viejito brujo que nos decía que las apariciones eran porque protegían un tesoro en el interior de unos de los pilares. Viejitas canosas, hombres curros, y demonios que les salían lumbre por la boca y de ojos rojos eran entidades ordinarias que vivían con nosotros. A esos yo no les daba mucha importancia. En cambio, a La Llorona yo si le tenía compasión, porque ella había ahogado a sus niños en el río. Condenada a las aguas hasta que hallara a sus hijos, decía "Aaayyy mis hijos," el grito se escuchaba, aunque estuvieras debajo de la almohada en las noches de lluvia. Al día siguiente, uno evitaba brincar en los charcos ya opacos y rojizos por la tierra por el miedo que uno podía ver la llorona. Sin saber, ella podía confundirse y agarrarte como uno de sus hijos.

Cada noche mi madre juntaba a sus hijos en una cama donde todos rezábamos. Ella muy bien sabía que el Diablo no se podía acercar a la inocencia de un niño.

Durante el día, mis hermanos y hermana teníamos nuestros propios negocios. Boleábamos zapatos para los que se curraban para ir a misa, vendíamos Chicles de colores del arco iris, galletas saladas con gotitas de salsa roja picante, y alquilábamos revistas de súper héroes. Mi héroe favorito era Kaliman, él usaba un turbante, su cuerpo muscular era hermoso, y se metía en aventuras con Solin, el niño que Kaliman cuidaba. Los dos iban a tierras exóticas—la de los Mayas, las Egipcias, las Amazonas, y las Asiáticas. Solin también ayudaba a Kaliman y lo rescataba de enredos al último momento de su muerte. Para entretenernos, yo jugaba con mis hermanos, jugábamos juegos como 'el bote' debajo de la luna llena porque no había televisión. Nos metíamos en túneles en las iglesias barrocas con el propósito de alcanzar palomas blancas aunque los sacerdotes nos corrían a pedradas.

La familia y el pueblo nos enseñaban los valores católicos. Cuando te mueres, todos tus antepasados verán la película de tu vida. Todos nos avergonzábamos de hacer cosas por el miedo de que todos serian nuestros testigos, era como tener múltiples súper-egos. Si desobedeces a una persona mayor, la tierra se abriría, te comería, y se sellaba para siempre. Si robaras una aguja, te arrestarían como la señora serpiente del carnaval exhibida al público. Era pecado mortal abrir la Biblia porque nosotros no sabíamos nada y no podíamos pensar.

Todo eso termino cuando yo me encontré en un autobús polvoriento que iba a los Estados Unidos para visitar a mi padre en vacaciones por dos semanas. Finalmente me dijeron donde estaba él. Él era mi Kaliman y yo su Solin.

6

No me había dado cuenta que mi vida cambiaria para siempre cuando iba en el autobús por el Camino Real. El mismo camino que los misioneros franciscanos caminaron cuando colonizaron y cristianizaron a los nativos de las Américas. Lo que en ese entonces todavía era la Nueva España, luego México, y ahora los Estados Unidos. No podía imaginar como pudieron convertir a tantos con una nueva religión a la que había existido por miles de años de una culminación de culturas como la de los Toltecas, Olmecas, Aztecas, o Mayas. Creo que para aplacar a los europeos cambiaron sus prácticas externas religiosas, pero sus creencias interiores quedaban intactas. Por alguna razón sentía que alguna parte muy en el fondo dentro de mí, todavía escondía algunas creencias indígenas.

Cuando llegué a la estación de autobuses de Santa Bárbara, California, el Padre Antonio me dijo medio asustado cuando vio que solo tenía una mochila "¿Eso es lo único que trajiste?"

"Usted nos dijo que deberíamos deshacernos de todas nuestras posesiones materiales."

"Normalmente las personas no toman tan literalmente mi sugerencia. Me alegra que la hayas seguido, súbete a la camioneta." Él estaba contento que le había hecho caso.

Lo único que ahora me pertenecía en la vida era una mochila que tenía toda mi fortuna en este mundo— calcetines, dos pantalones, dos camisas, ropa interior, un walkman, y una cámara fotográfica. Incluso me liberé de todos mis libros, mis posesiones más valiosas. Pero me consolé porque existían dentro de mí. Por supuesto, también me traje una libreta para usarla como diario.

El padre Antonio manejaba hacia Santa Bárbara al noviciado. En la camioneta yo no decía nada, me sentía como cuando manejaba con mi papá. No sabía que decir.

Nos habían inculcado tener respeto a las personas mayores y tal respeto demandaba silencio. Mi mente se entretenía en el silencio: En el noviciado, donde estaríamos por dos meses para entrenarnos, me imaginaba una catedral medieval, gárgolas en las puntas de las torres, y calabozos oscuros hechos de piedra. Monjes tendrían túnicas cafés adornados con sus rosarios—rezando a todas horas sin hablarle a nadie y cuando no rezaban, estarían entonando sus cantos gregorianos. En el circo, yo me imaginaba que aprendería muchos espectáculos, como estaría arriba en el aire con mis dientes o que descendería de una gran escalera espiral con mis manos. Ejecutaría perfectamente mi acto del trapecio con uno de los misioneros y daríamos vueltas en el aire. Imaginaba que me acercaría mucho a todos los misioneros jóvenes.

Al entrar al noviciado, había una estructura moderna blanca que brillaba, era el edificio principal. El edificio formaba una 'U' y en el centro había una capilla moderna. Los edificios descansaban en un monte y tenía una vista al océano Pacifico. Se veían hombres por todos lados, vestidos de caqui y camisas elegantes con collar, botones, y manga larga. Desilusionado, me di cuenta que no habría catedrales medievales ni calabozos que explorar. Todo era moderno. Cuando pasamos los edificios principales, continuamos hacia arriba pasando una huerta de aguacates en un camino angosto con curvas.

Después de casi un kilómetro, el Padre Antonio me dijo que habíamos llegado a los apartamentos del circo. Estábamos separados del noviciado. Los apartamentos parecían más como viejas cocheras donde hace tiempo se guardaban los carros. De allí, se podía ver la vista al mar. Aunque la vista panorámica a veces se tapaba por los árboles de roble y aguacate. Debajo de ellos, la tierra estaba cubierta por zacate silvestre de color dorado debido a los veranos secos de California. En la distancia, y alrededor de uno, podías ver mansiones enormes. Por su tamaño, era obvio que muchas estrellas de cine vivían ahí.

Antes de que el Padre Antonio me dijera que me bajara de la camioneta, me dijo, "Se me olvido decirte que tenemos un nuevo misionero. Tony ya está en los apartamentos. Ve preséntate y arréglense en donde van a dormir. Entra por allí." Me señalo una puerta.

"Claro que si padre." Le respondí automáticamente al aventar mi mochila hacia mi hombro.

"Voy a recoger a Mario al aeropuerto. A las cinco quiero que bajen a cenar."

"Si padre." De la camioneta dí un salto hacia afuera.

Al abrir la puerta hacia mi nuevo hogar sentí que muchos años cirqueros habían pasado por aquí. Carteles del circo cubrían las paredes. Había pedacitos de pared que no estaban cubiertos y se veía que el color de abajo era de un amarillo fuerte. Pedazos de alfombra, sin orden de color y textura, cubrían el piso. Cuando uno pisaba sentía que los pedazos de alfombra quedaban des-nivelados y solo los habían puesto para su función, para que el piso no estuviera tan frío. Las ventanas de afuera estaban cubiertas de tierra de lluvias pasadas que oscurecían la luz clara del sol del verano de California, esto hacia que el cuarto se sintiera frío aunque el día estuviera soleado. Deseé saber cómo eran las personas que habían ocupado este lugar en el pasado, y si ellos también se habían sentido asustados como yo, la primera vez que habían llegado.

Había dos cuartos divididos por un baño. En el siguiente cuarto había un muchacho joven que no me había oído porque estaba escuchando su Walkman a todo volumen. Él estaba en una de dos camas gemelas. Inmediatamente supe que pertenecía, o quería pertenecer, a una banda de música rock, del tipo metal pesado, por la manera que meneaba la cabeza cuando escuchaba la música. Los auriculares no se veían por la longitud de su pelo negro.

Le toque el hombro, y saltó. "Me asustaste, estaba escuchando música. "

"Hola, soy Enrique. ¿Cuál cama puedo usar?"

"Mi nombre es Tony. Pienso que esa esta sola. Creo que vamos a ser compañeros de cuarto. ¿Está es tu primera vez?"

"Si, ¿Que tú fuiste una decisión de último momento?"

"Sí, no puedo creer que estoy aquí. Yo me gradué de la secundaria hace unas semanas. Mi mamá me sugirió que debería venir al circo." Se rió y le siguió, "Mis papás estaban en el circo hace dieciocho años cuando había comenzado. Yo me llamo Tony, por el padre. Qué raro o ¿No?"

Los dos hablamos un poco mientras desempacaba mi mochila para buscar mi territorio en mi nueva vivienda, aunque tenía muy pocas cosas.

A las cinco, Tony y yo bajamos para ir a la cena. Los dos caminábamos sin saber por dónde pero como estábamos juntos nos sentíamos seguros de que no nos íbamos a perder.

La cena era nuestra primera reunión para conocer a todos los voluntarios. El padre Antonio nos dijo que todavía faltaba Jack y Carmelo que su vuelo vendría más tarde.

Por fin conocí a Jenny, la segunda persona que también habían aceptado. Ella sonrió al saludarme, era como si ya nos hubiéramos conocido desde hacía mucho tiempo. Quizá era porque nos sentíamos igual por estar contentos de ser seleccionados entre una gran cantidad de solicitantes o por que los dos estábamos aterrorizados. Jenny era de mi edad y tenía ojos cafés con unos tintes de verdes y amarillos. Su pelo castaño era tan rizado que no lo podía dominar. Sonreía a todos aquellos que la saludaban, y sentía su alegría de estar con nosotros. Ella era la única mujer ese año. Yo me sentía a gusto con ella.

Nos dijeron que Jenny, Tony, y yo éramos los *Primeros de Mayo*—las nuevas personas en el circo, así nos llamaban porque tradicionalmente a los que entraban por primera vez a un circo los entrenaban en Mayo. Aunque a nosotros nos iban a entrenar en Julio, nos iban a llamar los *Primeros de Mayo*.

Este año sería para Mario el tercer año, él era el *Maestro de Ceremonias*. Él era el mayor de los misioneros. Él tenía cerca de 30 años. Su piel era oscura y tenía ojos negros. Su pelo negro lo tenía en una colita, caminaba con elegancia, se notaba que era él la persona que caminaba en el alambre.

Robert era el gerente del circo. Conchita era su asistente. Ellos no actuaban en el circo pero ayudaban con la administración. Organizaban a donde iríamos a dar los espectáculos en el Medio-oeste de los Estados Unidos. Ya cuando estuviéramos viajando, ellos se encargarían de los trajes, la comida, y la publicidad. Robert tenía como 40 años. Tenía pelo corto color castaño, ojos azules, y un bigote grueso que cubría su labio superior. Parecía tener un cuerpo fuerte, por lo ancho. Él también había sido un ejecutante hace muchos años.

Conchita parecía tener poquito más de 40 años. Ella me saludó en español para indicar que también tenía ascendencia Mexicana. Pero me dijo que ella era de Denver, Colorado y no de México. Aunque tenía pelo oscuro castaño y ojos como mexicana, ella era muy alta y grande de estatura.

Todos comíamos juntos, y los veteranos se reían porque faltaban Jack y Carmelo. Nos decían que ellos parecían gemelos porque siempre estaban juntos.

"Ya que vengan Jack y Carmelo, nos juntaremos los misioneros en la área del entrenamiento que está más arriba en el cerro de los apartamentos donde los muchachos se están quedando. Los espero a todos a las ocho en punto." El padre Antonio nos dijo cuando terminamos de comer.

Tony y yo nos regresamos a los apartamentos. Jenny no se podía quedar en los apartamentos porque era mujer. Ella se tenía que quedar en uno de los tráileres donde también se quedaba Conchita porque estaba prohibido en el noviciado que las mujeres se quedaran ahí.

Cuando llegué al apartamento, me acosté en la cama para escribir en mi diario. El Walkman de Tony estaba siempre en su lugar, enredado en su cabeza y a todo volumen.

Oí que alguien entró en el otro cuarto haciendo mucho ruido. Me levanté para ver quién era. Agradablemente me encontré frente a Carmelo. Él me saludo indiferente, yo creo que por ser tan atractivo. También traté de actuar con indiferencia para que no supiera cómo me sentía con él.

Jack era el mejor amigo de Carmelo. Jack era muy amistoso, y me dio la bienvenida al circo. Él era rubio y tenía ojos azules. Sus ojos se escondían detrás de unos lentes gruesos de plástico negros, él se parecía a uno de esos traga libros. Su piel era muy blanca, como si nunca hubiera conocido el sol.

Carmelo y Jack habían traído mucho equipaje. Parecían sentirse cómodos al venir al circo. Muy pronto me fui a mi cuarto porque sentía que estorbaba ahí. Quería que el tiempo se moviera más rápido para no sentirme tan nuevo y sin experiencia.

Jack y Carmelo vinieron para decirnos que era tiempo de reunirnos en la orientación del circo. Los cuatro nos fuimos caminando hacia arriba del cerro siguiendo la carretera angosta con curvas. Aunque ya era de noche, y el día había sido largo, tenía mucha energía por lo nervioso y también por lo contento de empezar el circo.

Cuando llegamos al entrenamiento, no era más que un área larga, como de 8 por 25 metros de cemento afuera, debajo de un enorme roble. El cemento estaba cubierto por pedazos de alfombra peluda amarilla y vieja. Debajo de la alfombra había esponja y quedaba bien acolchonada. Creo que para que no nos lastimáramos cuando nos cayéramos. Del roble grande, colgaba un trapecio y hacia abajo salía un alambre bien derechito que se extendía y llegaba a una estaca, aquí Mario practicaba caminar en el alambre.

Había un viejo edificio donde parecía que guardaban vacas, y de él salía distintos ruidos de animales. Los animales siempre se guardaban con llave. Trataba de adivinar los diferentes animales al escucharlos.

Frente al edificio, estaba la pista principal del circo con rayas amarillas y rojas. Aquí practicaríamos, así sentiríamos qué se sentía estar en la pista del circo y imaginarnos estar al frente del público. Al lado, había un tráiler blanco en donde Mario se quedaba. Él no se quedaba con nosotros en los apartamentos. No sé si porque él era el mayor de los misioneros.

No era nada espectacular el entrenamiento. Estaba todo viejo y desgastado—la alfombra apestaba a moho, el edificio tenía telarañas, y nos reunimos en un círculo de sillas que apenas se sostenían. Se me hacía increíble que el circo que yo había visto hacía unos cuantos meses había salido de aquí. No me lo podía imaginar, pero le tenía fe al padre Antonio, porque él me iba ayudar y porque con el tiempo él revelaría como se creaba todo.

"Para que funcione el circo tienen que olvidar todo lo de afuera. Es el único modo de hacerlo. Esto lo sé, por tantos años de experiencia. Entre más rápido tomen el clavado al circo, como echarse al agua fría, más fácil será. ¡El circo requiere todo de uno, sino no funcionara!" Fue lo primero que nos dijo el padre Antonio.

Me asusté un poco porque nunca me gustaba echarme clavados en el agua fría, siempre lo hacía de poco a poquito. Yo sé que es más difícil de poco a poquito pero siempre había sido así.

"Estas carpetas tienen la información de lo que es requerido, el horario, y las reglas." El padre Antonio dijo y luego se rió conmigo, "Aunque mi color favorito es azul, Enrique no creas que eres especial por eso. Los pasé sin orden."

Yo me reí porque la mía era azul.

El padre Antonio siguió explicándonos aproximadamente por una hora y nos orientó respecto a lo que se nos esperaba. A los *Primeros de Mayo, n*os contó la historia del circo, los horarios del entrenamiento, y las reglas importantes—especialmente lo prohibido. Nuestros días iban a ser largos: Empezábamos el desayuno a las 7 de la mañana y luego practicábamos hasta las 10 de la noche todos los días. El domingo sólo practicábamos medio día, y podíamos ir a misa si queríamos. Nos dijo que nunca deberíamos llegar tarde al entrenamiento, nunca podíamos faltar a las comidas, y que también no molestáramos a los novicios. Que ellos nos habían ofrecido la oportunidad de entrenar aquí y que deberíamos ser agradecidos. Que no los molestáramos. También, que era prohibido entrar a ver los animales.

"Lean bien el manual del circo y sus carpetas. Esta noche duerman bien porque mañana tienen un día muy largo. Los veo a todos en el desayuno a las siete en punto." Fue lo último que dijo el Padre Antonio.

Ya en la cama abrí mi carpeta y la empecé a estudiar bien, especialmente todas las reglas. Estaba seguro que no iba ser difícil seguirlas ya que a mí me habían entrenado muy bien con un catolicismo zacatecano.

7

Me sacudieron para que me levantara rápido. Medio dormido, me ayudaron a vestirme. Que íbamos a ver a mi papá por primera vez a los Estados Unidos.

Mi papá Pancho, mi abuelo, que fue mi padre substituto, nos dejó con una expresión triste en la estación de autobuses, como si nunca lo fuéramos a ver otra vez.

El ritmo de las llantas nos calmaba cuando caminaba el camión al lado del Mar de Cortés hacia el norte. En Tijuana, vi a niños que vivían en casas de cartón. No me podía imaginar la vida de ellos. No sabía como ellos podían vivir sin tener ánimas—ellas coexistían solo en casas enormes y viejas. Un señor y una señora que nunca había visto nos separaron de mi mamá. Que ellos iban ahora a ser nuestros padres. Nos pusieron a dormir atrás de una camioneta. Al pasar la frontera, los oficiales de emigración pasaron una luz. Encandilado, abrí los ojos y al instante me la quitaron, me volví a dormir porque no aguantaba el cansancio.

Cuando llegamos a Los Ángeles, nos pusieron a dormir en una casa extraña. En la mañana, vi a mi padres platicando con las personas extrañas que habían sido nuestros padres por una noche. Mi mamá platicaba que por haberse arreglado, con peluca, joyas, y pintura, la habían dejado pasar sin papeles. Yo sabía que cualquier persona la dejaría entrar a donde ella quisiera porque ella era hermosa.

Al día siguiente cuando ya todos estábamos reunidos continuamos nuestro viaje a la casa de mi papá en San Juan Bautista. Llegamos a una casa verde, encapsulada de huertas y abajo de un cerro—lejos de cualquier pueblo. No se oía a nadie, ni un niño jugando. En la distancia se veían más cerros que parecían torcerse y moverse con surcos interminables de uvas. Estábamos como en una isla, solos, en medio de un mar con olas enfurecidas pero congeladas. La casa de mi papá era de dos recamaras. Me fascinó una cosa peluda de color amarillo en el suelo. Era la primera vez que había conocido una alfombra, y me sentí defraudado cuando la toqué porque no se sentía húmedo ni olía a zacate silvestre. A mí me tocaba dormir en el sofá y para que no me diera miedo me pusieron una lucecita con un payasito. Mis dos hermanos tenían una recamara y mi hermana se quedó a dormir con mis padres.

Esa noche, mi papá nos llevo a conocer a su jefe. Mi papá ya no trabajaba en el campo recogiendo cosechas—él ayudaba a almacenar una tienda y con el mantenimiento general. La esposa de su jefe nos esperaba a cada uno con un regalo. Nunca había visto juguetes tan maravillosos. Era obvio que los jefes de mi papá querían que se quedara su familia con él—para que él no se fuera.

El verano vino y se fue, y todavía estábamos en San Juan Bautista. Era hora de ir a la escuela. Me pusieron en el salón de la Señora Gibson, una señora que parecía Isabel II la reina vigente del Imperio Unido por su pelo canoso y lentes que parecían ojos de gato y con una cadenita. Yo no sabía que sonidos le salían de la boca. Me quería reír pero como nadie más se carcajeaba tampoco yo lo hice. Me fijaba en los demás y como que ellos entendían los sonidos que decía. Ella a veces me sonría, para que me sintiera cómodo, porque muy bien sabía que no nos entendíamos.

Me di cuenta que otro niño prietito, Juan, en el aula tampoco entendía. La señorita Sánchez nos llevó a otro salón para que practicáramos estos nuevos sonidos. Ella nos enseñaba cartas con un dibujo y nos decía "ais crim" para decir una rica nieve. Juan y yo nos queríamos reír. El aprender este nuevo idioma fue un enredo. Yo no podía deletrear porque las letras tenían diferentes sonidos, y cambiaban cada vez que se les daba la gana. El inglés no era un idioma completamente fonético. También, tendría que organizar todo al revés y no sabía cómo usar el formal, 'usted.' Por eso solo con mis acciones lo podía demostrar—y por eso me hice un buen niño. Las maestras me querían mucho.

En menos de un año, mi papá nos mudó a Hollister para estar más cerca de la tienda donde trabajaba pero todavía en el campo—unos dos kilómetros de cualquier pueblo. Paré de llorar porque como que no le importaba a alguien y no me hacían caso para regresarme a nuestro pueblo. El no llorar me ayudó cuando vi a un niño que se llamaba Kevin. Nunca había visto un cabello que brillaba como el oro y de ojos color cielo. Viéndolo me tranquilizaba. Los dos jugábamos. Con otros niños fingíamos ser hombres biónicos. Con nuestras partes biónicas corríamos rápido, veíamos lejos, y brincábamos alto. Él jugaba conmigo cuando al mismo tiempo otros niños estadounidenses me hacían burla llamándome, "mojado."

Pronto me di cuenta que mi papá no estaba acostumbrado a tener niños viviendo alrededor de él—de repente tenía que vivir con cuatro de nosotros. Como que él mismo se confundía que quería de nosotros. Nos compro un columpio en donde tenía abajo grava. Él quería que con un rastrillo creáramos líneas, para que pareciera un jardín de piedras japonés. No quería ver huellas debajo de esos columpios. Empecé a darme cuenta de que mi papá no era mi Kaliman. A él no le gustaban las aventuras.

Lo bueno era que había encontrado a Kaliman—el señor Rojas. Él era el asistente de la maestra del segundo grado. Todas las niñas querían estar con él—tenía una barba fina, unos ojos negros cariñosos, manejaba una motocicleta, y hasta hablaba los dos idiomas. Él no se avergonzaba de tener un trabajo en donde jugaba con niños. Él me detenía de las manos y me daba vueltas. Cerraba los ojos y pretendía estar volando. Cuando él paraba, por lo borracho yo no podía caminar y él me sostenía. Yo me abrazaba de su chamarra de piel negra. Yo lo quería para mí. Me derretía en él, lo intoxicado serenaba mi nostalgia. En otras ocasiones, él me aventaba al cielo sin dejarme caer.

Mi papá nos quería ver a todos trabajar. Pero porque éramos niños no podíamos trabajar en la tienda con mi padre, y por eso nos puso a trabajar en los campos. Debo admitir que como niño, era imposible pelear con el aburrimiento de recoger la misma cosa todo un día. Allí fue donde por primera vez conté hasta mil. En eso tiempo para olvidar la rutina monótona, mi imaginación me acompañaba—que la tortura era una aventura Kalimana, que la fruta era para una reina, que cada verdura era trasladada a un lugar fantástico, o que con el dinero que ganara era para escaparme. Le pertenecía a mi papá.

Cuando recogíamos cosechas en la madrugada, tenía mucho frió a tal grado que lo único que deseaba en esos momentos era ver los rayos del sol. Una vez que el sol aparecía, la temperatura era perfecta. Pero solo por unos minutos, porque el calor se transformaba, y era peor que el frió. Luego le pedía al sol que se bajara—pero ya no bajaba durante todo el día. En la cosecha, el cuerpo no aguantaba pero teníamos que negarlo. Me contentaba porque los oficiales no me dejaban trabajar, era ilegal trabajar a mi edad. Contento los niños nos íbamos a los carros—solo para encontrarnos con que el calor en el carro era más de 40 grados esperando a que los demás pudieran trabajar. Los tiempos cuando no había cosechas, ayudamos a mi madre a limpiar mansiones, quebrar nueces, o trabajábamos en el rancho que nos prestaba la casa.

A mi madre tampoco le gustaba vivir en los Estados Unidos, pero ella por ser una mujer mexicana no podía pedir lo que ella quería, igual que yo por ser niño. La melancolía de mi mamá me penetraba cuando ella hablaba con sus parientes por teléfono.

Los domingos íbamos a la iglesia de San Juan Bautista. Dentro de las paredes de la misión, fantaseaba que todavía estaba en México. Cerraba mis ojos, y tomaba una respiración profunda del aire fresco que creaba el adobe. Imaginaba como me hubiera gustado vivir unos siglos antes porque en ese entonces todavía estaría en México. Entonces nuestros parientes nos podrían visitar.

Dos años más tarde, mi mamá dio a luz al quinto. Porque él había nacido en los Estados Unidos pudimos arreglar papeles migratorios. Aplicamos para tener una residencia permanente en los Estados Unidos. Pero con la consecuencia, de no permitirnos salir por otros seis años.

Durante nuestros años encarcelados, a una tía en Jerez le dio cáncer. Como es costumbre, todo el mundo sabía de su cáncer menos ella. Nadie se atrevía a decirle nada, ni su doctor. Cuando le cortaron su pierna, le dieron cada excusa inimaginable sin decirle la verdad— como si la verdad matara. Lo que le daba más dolor a la familia era que nuestra tía nunca se casó. Como es costumbre, sus hermanos no le permitieron casarse. Él que la pidió, desgraciadamente, no tuvo el valor de ejecutar su papel, que era robársela. Por eso, el destino de ella fue encargarse de los quehaceres domésticos de los demás. El remordimiento de la familia de no dejarla casar, crecía igual que el cáncer.

A nosotros no se nos permitió verla antes de que muriera por las restricciones de viajar. Cuando ella murió, nuestra casa en los Estados Unidos estaba de luto. Por meses no se nos permitió ver televisión o escuchar música. Rezábamos el Rosario cada noche, mientras la depresión de mi madre crecía.

Al cumplir mis once años, terminamos nuestra sentencia. Ya éramos residentes permanentes de los Estados Unidos. Al llegar a Jerez, nuestras cosas ya estaban guardadas. Ya no vivíamos allí. Me sentía tan extraño como si ya no conocía el mundo de afuera. También habían guardado los espíritus y ya estaban bien empaquetados.

Nos quedamos en México por dos semanas—jugamos con nuestros primos, nuestras tías nos contaron sus recuerdos y las aventuras que ellas tuvieron mientras nosotros estábamos en los Estados Unidos. Antes de venirnos, yo lloré la última noche por no querer regresar a los Estados Unidos. Supe que mi papá se enojaría conmigo al ver a su hijo llorar, pero no me importó— aunque yo también sabía que mis lágrimas no iban a cambiar nada.

Muy poco después que regresamos se murió mi papá Pancho. Era la primera vez que vi a mi mamá llorar. Cuando ella regresó, nos prohibió hablar el inglés. Con el esfuerzo de no olvidar a Papá Pancho, no se permitiría infiltrar la cultura estadounidense dentro de las paredes de nuestra casa. La aculturación no se permitía. La depresión de mi madre crecía como un cáncer.

8

Al día siguiente, después de vestirnos y comer, nos fuimos al área de entrenamiento. No nos decíamos ni una palabra porque todavía estábamos medio dormidos. Hacía frió porque la niebla todavía no desaparecía. A lo largo del camino, gotas de agua hacían que las telarañas parecieran collares de diamantes.

El padre Antonio empezó el día con una lección, "En la primera semana les asignaré diferentes habilidades para ver cuales pueden hacer. Con el tiempo, tendrán que perfeccionar esas habilidades. Lo que hagan en el circo tendrán que hacerlo perfecto porque todo el mundo está acostumbrado a la televisión—donde no se ven los errores. Nosotros tenemos que competir con la televisión."

Me puso nervioso el pensar que todo tendría que ser perfecto.

Cada hora del día teníamos sesiones en las cuales practicaríamos diferentes habilidades. Él nos enseño a cada uno de nosotros nuestros horarios. Todos teníamos horarios diferentes y dependía qué habilidades teníamos que practicar. Yo tenía que hacer malabares, usar un monociclo, caminar con las manos, y magia. Estaba contento de no tener que colgarme de mis dientes. En la noche, todos hacíamos ejercicios de teatro.

Antes de empezar nuestra primera sesión de malabar, el Padre Antonio quería evaluar nuestras habilidades.

"Enrique, haz malabares con estas pelotas," El padre me dio tres pelotas rojas que pesaban más de lo que parecía.

"Si padre." Le contesté sin atreverme a decirle que nunca lo había hecho en mi vida. De repente, me sentí tonto, yo quería estar en un circo y no sabia como malabarear. Avergonzado de decir la verdad, aventé las pelotas en el aire rezando que algún espíritu me ayudara. En el aire, traté de agarrar las tres pelotas. Pero porque todas volaron en diferentes direcciones, no pude ni alcanzar ninguna.

"Padre, no sé cómo." Me confesé ya que todos sabían mi verdad.

El padre Antonio volteó hacia Jenny y le dijo que me enseñara lo que ella podía hacer. Ella dijo que podía hacerlo con garrotes—mazas. En el viento, lo que ella malabareaba parecían como remolinitos que brillaban con el sol.

Todos los demás demostraron sus habilidades del malabarismo. Yo era el único que no sabía cómo hacerlo.

El padre Antonio quería que en mi primera sesión empezara a aprender el malabarismo con las tres pelotas. Él quería saber si para el fin del día yo podría hacer eso— si no tendría que hacer otra cosa.

En mi primera sesión, determinado, tiré las tres pelotas al aire. Las tres se iban a diferentes lugares. La mayor parte de la sesión me la pase persiguiendo las pelotas por toda el área del entrenamiento. Otras veces, protegía mi cara porque las pelotas me atacaban.

El Padre Antonio me miraba a una distancia determinada. Él veía como correteaba y me peleaba con las pelotas.

"Te pones muy tenso," el Padre Antonio vino para decirme, "Eres un perfeccionista y tienes que relajarte."

"Si padre," le dije, como si con lo que me dijo le pudiera hacer caso.

"Enfócate en tirar las pelotas y no en agarrarlas. Empieza con una y luego dos."

"Si padre," le dije.

Traté de aventar una pelota, pero no la pude soltar. Como que se me la habían pegado con pegamento en la mano.

"Tu problema está en tu cabeza." Dijo.

"Usted me pone más nervioso." Por fin le dije sinceramente.

"Veté al lado donde están los animales. Donde nadie te puede ver. También pon un cojín debajo de ti para que las pelotas no reboten y tengas que perseguirlas."

"Gracias padre."

"Y, por favor ya no me digas Padre."

"Si, Pa...."

Caminé a donde nadie me podía ver y puse un cojín frente de mí. Tiré una pelota en el aire. No me enfoque en agarrarlas. Después de varios intentos, tire dos pelotas y empecé a captar que el ritmo sonaba como un corazón. Con más confianza, agarré las tres pelotas. Me relajé, y las aventé. Todavía las tiraba por todos lados. Tenía una gran dificultad en tirar tres porque las aventaba a un millón de kilómetros por hora. Ya que la niebla había desaparecido por completo, empecé a sudar, y las moscas rodeaban mi cara por el sudor. Esto me confundía aun más. Todo me daba vueltas en la cabeza.

Desmoralizado de mi primera sesión, nuestra siguiente sesión era con los monociclos. Jack, Carmelo, y yo éramos los únicos que íbamos hacer esto. Nos fuimos a nuestros apartamentos porque frente a ellos había un área de cemento muy liso y allí habían pintado un círculo azul. El círculo representaba el tamaño de la pista del circo. Allí adentro podíamos practicar los monociclos.

No estaba nervioso en esta sesión porque yo había aprendido a montar un monociclo después de que me aceptaron en el circo. Compré uno cuando todavía estaba en la universidad y aprendí a usarlo—él se había convertido en mi transportación principal. Yo quería perfeccionar una habilidad antes de entrar al circo para que no fuera tan difícil aprender todo. Me había dado cuenta de que me hubiera enfocado en el malabarismo.

Yo se lo demostré a Jack y Carmelo. Pude dar vueltas en el círculo azul sin salirme. Ellos me dijeron que tenía que aprender a quedarme en un lugar sin que me cayera. El único modo de hacer esto era moverme hacia delante y hacia atrás muchas veces, este ritmo me ayudaba a quedarme en el monociclo sin bajar los pies. Esta acción de quedarme en un solo lugar era más difícil que moverme con el monociclo. Al principio me podía agarrar de algo mientras practicaba. Tendría que perfeccionar esto porque lo tenía que hacer arriba de una mesa de un metro por un metro. Era alta, y no me podía caer de ella porque me iba a lastimar. No quería lastimarme porque el padre Antonio nos había dicho que si nos lastimábamos se terminaría nuestra misión con el circo.

Jack también aprendería como usar el monociclo alto, aproximadamente medía dos metros. Carmelo iba a subir escalones brincando con su monociclo. Cada uno perfeccionaba sus habilidades.

Lo que me gustaba de practicar en el círculo azul frente de los apartamentos era que se podía ver el Océano Pacífico.

"Que increíble vista," Le dije a Carmelo. No me contestó y yo le seguí como si no me hubiera oído. "El clima es muy bonito. ¿Verdad?"

"No me preguntes cosas cuando estoy en mis sesiones. No platiques." Carmelo me dijo enojado.

"Perdón." Le contesté.

Ya no dije nada.

En nuestra siguiente sesión fuimos de nuevo al área de entrenamiento y practiqué caminar con mis manos en unos escalones hechos de madera. Estaban pintados de un color rojo cirquero. Eran muy pocos escalones, seis. A cada lado de los escalones habían pintado estrellas. Se me había hecho fácil subir y bajar. Me sentía muy estable.

El padre Antonio vino y me dijo que quería que aprendiera a subir los pies muy quedito sin aventarlos hacia arriba mientras mis manos se quedaran en el suelo. Que era más difícil hacerlo pero que se veía mejor. También, quería que permaneciera en mis manos por un periodo largo sin moverme. Era más fácil moverse o caminar con las manos que quedarse en un lugar. Que requería más balance—si lo notaba que era más difícil y muy fácil me caía. Lo bueno era que sabía caerme sin lastimarme.

Después de la comida, empezamos otra vez con malabares.

Al final de la sesión le grite al padre, "¡Padre Antonio, Ya lo puedo hacer!" Le grité orgullosamente cuando las tres pelotas volaban en el aire sin caerse.

"¡Maravilloso! Estaba preocupado que no podrías hacerlo por como perseguías las pelotas." Se rió.

"Yo también pensé lo mismo."

Por fin comprendí que era mejor enfocarme en el ritmo de las pelotas, en lugar de trata de ver donde estaban en el aire. El chiste era enfocarme en aventarlas correctamente para que cayeran perfectamente en mis manos y oír el ritmo que hacían cuando caían en mis palmas.

"Me alegra, después quiero que aprendas a hacer malabares con estos aros. Me dio cuatro aros de maderas. Cada uno era como de 30 centímetros y tenían cada uno un color distinto de un lado y del otro lado era blanco. Me volví a poner nervioso, pensé que posiblemente no podría hacerlo.

"Bajemos a los apartamentos, tengo algo que enseñarte." Me pido el padre Antonio.

Cuando los dos bajamos solos, los demás se nos quedaron viendo. Durante el camino hacia los apartamentos, yo permanecí callado.

Ya en el cuarto, él sacó de su bolsa un extraño paquete. "Tienes que guardar esto en un lugar seguro, donde nadie lo pueda ver."

"¿Qué es padre?" Le pregunté.

"Sogas Mágicas de Hungría. Yo no sé cómo se hacen, pero quiero que aprendas a usarlas. Las instrucciones están en el paquete. El año pasado fui a una convención de magos y las presentaron. ¡Son maravillosas! Quiero que las practiques cada día, porque ellas requieren mucha precisión con tus manos. Las quiero incluir en el circo este año."

"Si, padre."

"No se las enseñes a ninguno de los misioneros. Al final del entrenamiento, ya cuando las puedas manejar bien, te dejaré mostrárselas. No antes." Después de decirme esto, él me dejó solo en el cuarto.

Con mucho cuidado abrí el paquete, porque de niño me habían enseñado que le tuviera miedo a la magia, especialmente la que venía de los húngaros. Las tres sogas eran de color anaranjado y de pelusa suavecita. Las vi por un momento para ver por que eran mágicas. No podía creer que el padre me las hubiera dado a mí. Estaba contento, pero al mismo tiempo les tenía miedo porque no sabía si iba a poder con su magia.

9

Jane estaba en el sexto grado, y yo estaba en el octavo. Ella era la muchacha más popular de Hollister. Todos la reconocían por su cabello hermoso de un café oscuro, era como el de Jacqueline Smith de los Ángeles de Charlie. Era obvio que Jane tenía que despertar en la madrugada para arreglarse. No podía decepcionar a sus admiradores. A pesar de su belleza era muy amistosa. Hasta los frenos en sus dientes se veían bonitos y por eso todo el pueblo quería frenos. Cada día la recogía su madre en un carro elegante. Aunque tenía facciones morenas, era muy claro que ella no era mexicana.

Todo el mundo quería tener una conexión con ella. Era bastante el poder decir que un amigo mío era amigo de Jane. Yo también fui magnetizado por su presencia y quería ser parte de su mundo. Un día le dije a mi amigo Roberto que Jane era muy bonita. Ese mismo día, Roberto me llevo a mostrarme algo.

"¡Es él!" Roberto le dijo a Jane. La cara de ella se movía como si hubiera comido un limón cuando me vio.

Yo no supe que decir. Estaba enfurecido con Roberto. Aunque yo sabia que él quería tener una excusa para acercarse a Jane aunque fuera para burlarse de mí.

Las próximas semanas me escondí de Jane. Antes de que Roberto me avergonzara frente a ella, no sabía que yo existía. Desde ese entonces, empecé a ser consciente de quién era yo. Solo que no me gustó quien era yo—un mexicano. Para evitar saber quién era, comencé a usar ropa estadounidense y trate con mucho esfuerzo de ser parte de la cultura dominante—su música, su comida, y su moda. Ya no me llenaban mis memorias de la niñez. Ahora, ellas me avergonzaban.

De vez en cuando me tropezaba con Jane. Cuando me estrellaba, ella hacia el esfuerzo de saludarme. Desgraciadamente, se me desaparecían las palabras y no me podía expresar. Despúes de unos meses, nuestros saludos crecieron y gradualmente desarrollamos una pequeñina amistad, que apenas existía.

Un día, Jane y todas sus amigas hablaban y se reían de un libro que estaban leyendo. La novela era de una adolescente que se estaba desarrollando. Todas ellas guardaban el libro y se lo pasaban una a la otra mientras cada una leían un cachito del libro. Roberto pronto vino para ver que estaba pasando. Todos se carcajeaban por las connotaciones sexuales que tenía el libro. Yo no sabía de qué hablaban y me daba vergüenza preguntar. Roberto también se reía. Pero me fije muy bien cuál libro era, ¿Estás ahí Dios? Soy yo, Margaret por Judy Blume.

Muy determinado a no ser el ignorante del grupo encontré el libro. Se trataba de una adolescente que hablaba con Dios sobre su desarrollo físico y las presiones de ser una adolescente femenina. Después de eso comencé a leer todo lo que podía sobre la sexualidad porque en mi casa nunca se hablaba de esto. Antes me acababa libros de matemáticas—los maestros no sabían que hacer conmigo cuando terminaba libros de todo un año en una semana. Unos hasta me regañaban por no seguir el paso de la clase. También, me gustaba la ciencia, biología, y física. Pero ahora ni comía porque los libros de sexualidad me llenaban. Encontré muchos modos de comprar estos libros. Los fines de semana yo me iba a las ofertas que la gente tiene en sus cocheras—*Garage sales*. Siempre había una caja de libros ya amarillentos, que solo costaban unos centavos. Por tanto libro que hojeaba, me volví experto en ver rápido si los libros contenían palabras sexuales.

Una vez me encontré el premio gordo, Hombres Enamorados: Fantasías Sexuales de Hombres por Nancy Friday. En ese libro me di cuenta que la sexualidad en hombres variaba enormemente cuando anónimamente decían sus fantasías. Me daba cuenta que la sexualidad era una gran parte de los seres humanos. Yo me escondía para leer mis libros, y no era tanto por el contenido ya que mis padres no podían leer inglés, sino porque me ponían a trabajar. Ellos no me podían ver leer, siempre tenía que estar ocupado en quehaceres.

A la edad madura de 12, y ya bien leído sobre la sexualidad, decidí escribir mi propio libro de un fantástico romance, así para que todo el mundo lo pudiera leer— bueno, mi nuevo mundo, donde Jane era la reina y yo quería ser parte de su corte.

No pasó mucho tiempo para que yo tuviera a todos peleando por leer mi libro y por ser escrito por mano solo había una copia. La moda era el libro que yo había escrito. El brusco frenazo de mi fama fue cuando la mamá de Jane lo leyó. En ese entonces me di cuenta que Jane no era la reina, ella solo era la princesa.

Jane me llamó diciéndome que su mamá quemó el libro y que ya no se le permitía hablar conmigo. Inmediatamente, llamé a su mamá. Yo le pedí una disculpa— que no lo había hecho con mala intención y que no quería herir a nadie, especialmente a Jane. Y estuve muy de acuerdo con la sentencia de su madre, de no poder hablar con Jane por un año completo. Quedé en silencio por un año.

Al día siguiente que pasó el año, Jane y yo empezamos nuestra amistad de nuevo. Irónicamente, Jane y yo nos acercamos más por lo que habíamos pasado. Su madre se había dado cuenta que verdaderamente no la iba a lastimar. Yo continuaba haciendo cualquier cosa para ser parte de su mundo. Cuando tuve que cambiar de escuela, nos encontramos hablándonos por el teléfono cada día. No hubo un día que no hablara con Jane. Ella y su mamá me decían que era muy inteligente, yo se que era por haber escrito un libro a la edad de 12 años, aunque ya nunca se habló del mismo. Por decirme esto, me enfoque más y más en la escuela, para que ellas estuvieran orgullosas de mí. Como pobre mexicano, mi inteligencia era lo único que yo pensaba que tenía. Mi amistad con Jane seguía, aunque yo sabía que nunca seria romántico, pues ella tenía a los más guapos muchachos a su alrededor. Indiscutiblemente yo quería ser Jane.

10

Al fin del día, después de las diez de la noche, aunque cansado, siempre bajaba a la biblioteca del noviciado. Allí escribía en mi diario lo que me había pasado. En otras ocasiones el padre Antonio me ponía a practicar diferentes trucos mágicos para que se los pudiera presentar al día siguiente. De vez en cuando, novicios pasaban por la biblioteca, algunos pasaban sin decirme nada y otros me saludaban brevemente.

Una noche, yo iba a escribir lo que me había pasado ese día—que Carmelo me había acusado de usar su toalla. Yo me defendí y le dije que no fui yo. A nadie más acuso. Sentí que tenía algo en contra mía. Yo estaba enojado.

Un novicio estaba en la biblioteca escribiendo en la mesa donde siempre yo me sentaba. Me senté al lado opuesto de él.

"Hola, Enrique. Soy George."

"Hola" le contesté sorprendido que él supiera mi nombre y yo no el de él. Mi mirada demostró mi sorpresa.

"El padre Antonio me dijo quien eres. Espero que no te estén dando tanto trabajo. Sé que es difícil. Yo estuve en el circo hace unos cuantos años."

"¿Cuándo estuviste en el circo?" le pregunté y consciente de lo que el padre Antonio nos había advertido de no molestar a los novicios le seguí. "¿Te estoy molestando?"

"No te preocupes," dejo de escribir y bajó la pluma, "ya casi terminé lo que tenía que escribir."

George era alto, delgado, y tenía 26 años. Su tez era blanca, y mostraba una sonrisa pacífica con sus ojos azules grandes que uno se perdía en ellos cuando él hablaba—perecía ser una persona religiosa por su tranquilidad.

Le conté a George que parecía que estaba aprendiendo todo lo que tenía que hacer bien. Que me juntaba mucho con la mujer misionera, Jenny, y que nos apoyábamos en tiempos difíciles. Que posiblemente a uno de los nuevos misioneros, Tony, lo iban a dejar ir porque no ponía mucha atención a lo que hacía. Yo le dije que a él no lo habían elegido, sino vino porque su mamá había estado en el circo. Quizás no había entendido cuanto tenía que trabajar. También, le dije que al parecer al padre Antonio le había caído bien, siempre me estaba cumplimentando.

George me contó que el entrenamiento era difícil pero que tuviera paciencia y que todo iba a salir bien. Hablamos como por una hora y me sentía contento de hablar con alguien fuera del circo, pero que me entendía por haber estado ahí.

"Bueno, creo que me debo de ir a dormir, así puedes terminar lo que estabas haciendo." Le dije cuando empecé a bostezar.

Miró su papel y me dijo antes de que me retirara, "Una cosa más antes de que te vayas, cuando estés en el camino, ya viajando, va hacer muy divertido. El padre Antonio es una persona maravillosa."

Sentí que me llené de entusiasmo. Me ayudó recordar la primera vez que había visto el circo. Era difícil contener el no poder estar en el camino, aunque todavía teníamos mucho que hacer.

Al día siguiente solo tuvimos que practicar medio día porque era un día religiosamente importante para el noviciado y tenían fiesta. También, a nosotros los cirqueros se nos había invitado. Antes de ir a la fiesta, quise practicar un poquito más porque estaba punto de poder hacer malabares con cuatro aros. También, ya había aprendido a cambiar el color de los aros. Me ponía de perfil para que el público pudiera ver un solo lado de los aros—un lado era blanco—luego yo les daba vuelta en el aire para que cambiaran de color.

Jack y Carmelo ya estaban en la fiesta. Tony no quería ir porque él le iba a escribir a su novia—claro sobre lo mal que le iba en el circo. Yo me bañé y me arreglé lo mejor que pude con la ropa limitada que tenia. Quería ir a festejar porque había logrado mucho en el último mes. Ya podía usar el monociclo arriba de la mesa sin caerme. Hoy, le había demostrado al padre Antonio el progreso que había hecho con las sogas mágicas de Hungría. Me dijo que lo asombré así como la primera vez que él las había visto. Sentía que mi entrenamiento del circo progresaba muy bien.

En la fiesta, yo me senté al lado de George ya que lo había conocido un poco en la biblioteca. Durante la cena, él discretamente me detuvo de servirme vino tinto en la copa equivocada, para que no me avergonzara. Había disfrutado las conversaciones con los novicios y los sacerdotes. Todos ellos eran muy interesantes y ellos también me preguntaban mucho sobre mí.

Después de la comida la fiesta siguió, Carmelo y Jack se regresaron a sus habitaciones. Sentí que yo también me tenía que regresar, aunque no quería. Yo sería el único cirquero que me quedaría en la fiesta.

Ya en los apartamentos, le dije a Tony que había una fiesta abajo en el noviciado. Sin decirle nada más, él se puso su chaqueta de mezclilla, se quitó su walkman, y estaba listo para irse conmigo.

La fiesta se había movido al cuarto exclusivamente para los novicios, era una sala grande de color azul que normalmente era prohibida, hoy era una excepción. Tony y yo nos tomamos unos tragos de tequila antes de entrar. Después, nos fuimos y nos sentamos a lado de unos novicios. Él ya no podía aguantar el entrenamiento. Los dos sabíamos que no podríamos festejar así en el futuro ya que estaríamos viajando. Carmelo también regreso pero esta vez con Mario. Ellos guardaron su distancia de nosotros—creo que porque Tony y yo solo éramos *Primeros de Mayo*.

George se acerco y se sentó conmigo. Los dos platicamos sobre diferentes libros que los dos habíamos leído. Nos dimos cuenta que teníamos intereses similares. Él luego me contó más sobre sus enseñanzas en el noviciado.

"Vamos a la biblioteca. Hay un libro que quiero enseñarte."

"Bueno," lo seguí.

Después de que me mostró varios libros, me dijo, "Quieres ir a caminar, te quiero enseñar una vista increíble."

"Si." Le contesté.

Caminamos fuera del noviciado y hacia arriba de los cerros de Santa Bárbara cerca de donde había un templo de meditación. Yo me pegaba cerca de George porque está muy oscuro y los caminitos eran de tierra. En nuestra caminata hacia arriba, él me preguntó sobre mis autores favoritos de literatura espiritual—Santa Teresa de Ávila, San Juan de la Cruz, y Sor Juana Inés de la Cruz. George me explicó sobre los diferentes pasos y meditaciones que practicaban. Habló sobre el silencio y que esos retiros eran muy importantes para ellos y que muy pronto iban hacer uno—que eran una semana por completo en silencio.

Llegamos a donde había una hermosa vista del océano. Nos sentamos en la tierra, ninguno de nosotros dijo ni una palabra por unos momentos, tomando la vista magnifica en lo oscuro.

"¿Cómo va hacer para ti no tener sexo, ya cuando te hagas sacerdote? ¿Crees que será difícil? No pienso que yo lo pudiera hacer." Le dije.

"No sé. Siento que es mi profesión." Se quedó en silencio por un momento. "Bueno, había un tipo del cual yo me enamoré, antes de que viniera aquí y no funcionó."

"¿Cómo puedes saber la diferencia entre una profesión para toda tu vida o si sólo fue porque no funcionó esa relación?"

"No sé," me dijo.

"A mí también me atrajo un tipo en la universidad. Creo que soy *gay*." Le dije.

"¿De verdad? Yo pensé que tú eras muy conservador. Como eres mexicano y como ellos tienen una creencia católica tan fuerte." Me comentó.

"Tu eres él que te vas hacer un sacerdote, no yo. ¿Quién es más católico?" Me reí.

"Que increíble es la vista. ¿Puedes ver los pozos de petróleo en la costa?" Me dijo cuando cambio el tema.

"Que romántico eres George. ¡Los pozos de petróleo!" Me comencé a reír.

Él me pegó en el hombro.

Los dos empezamos a ver que algo volaba alrededor de nosotros, los dos gritamos, "Murciélagos."

Los dos corrimos hacia el noviciado.

"Vete por aquí," él me guiaba porque se escondía detrás de mi mientras me jalaba mi camiseta.

"Gracias por la conversación." Le dije cuando llegamos al noviciado.

"Me divertí demasiado." Me contestó.

"Hasta luego," Le dije y desaparecí por el camino oscuro hacia los apartamentos.

11

En el último año antes de graduarme de la secundaria, mis padres querían mudarse a Guadalajara. El día que nos íbamos a ir, yo me escondí para no irme. Yo ya me había acostumbrado al mundo estadounidense. Yo había corrido con los jefes de mis padres, sabía que ellos no querían que nos fuéramos, porque todos éramos excelente obreros. Todos trabajábamos ya en la tienda. Les dije que quería terminar mi educación. Era difícil decirles a mis padres que no quería irme para terminar mi educación, porque 'educación' en nuestra cultura significaba obedecer a sus padres y mayores. Al no hacer lo que ellos querían yo no 'tenía nada de educación', y para ellos eso no era ilógico, pedir quedarme para mi educación.

Lo que yo no dije fue que me había enamorado de uno de los nietos de los patrones de mis padres. Mis padres trabajaban con las familias más ricas de Hollister. Mi padre trabajaba con los alemanes y mi madre con los italianos. Eran mucho los parientes ya que las dos familias eran católicas. Aunque ricos, y los nietos un poco mayores que yo, sus familias los hacían trabajar como nosotros. Por eso yo siempre usaba mi mejor ropa de vestir para trabajar en el campo con ellos. Cuando nosotros descansábamos nos emborrachábamos y se admiraban de mi inteligencia porque yo les contaba que quizás yo me recibiría de una universidad. Aunque guapos, ellos me seguían porque yo ya estaba bien conectado con todos los más importantes—la corte de la reina Jane. Pero nunca hacíamos nada sexualmente.

En el momento que mis padres decidieron mudarse para Guadalajara, a los dieciséis yo estaba completamente enamorado de uno de ellos. Yo ya había decidido que no me importaba nada solo estar con él, yo deseaba que me robara.

Mi tía, les dijo a mis padres que yo me podía quedar con ella hasta terminar mi secundaria. Que se fueran tranquilos. Finalmente mi familia, ya con el equipaje en la camioneta, se fue sin mí. Mi padre se fue enojado conmigo, y no me hablo por tres años. Tampoco no me permitió despedirme de mis hermanos.

Después de mi graduación, mi plan era asistir a una universidad, no tanto por la educación, sino porque podíamos irnos del pueblo. Fui aceptado en cinco universidades de California, sin embargo, me iba a ir triste porque el nieto había decidido casarse, porque me dijo que era lo que se tenía que hacer. Me sentía fracasado porque todo lo que había hecho para llegar a la universidad era para que él me quisiera—me había ahorcado solo. Yo me iba solo desanimado de que yo era el único *gay*.

12

"¿Yo estaré en la biblioteca a las diez de la noche si quieres platicar más?" le dije a George cuando lo vi en el comedor durante el almuerzo.

"Bueno" me respondió.

Por la noche nos encontramos en la biblioteca y continuamos nuestra plática sobre la filosofía y la espiritualidad. Nos preguntábamos qué era el amor y que era ser *gay*. Después de nuestra reunión, nos íbamos caminando alrededor del noviciado, él siempre me enseñaba caminillos escondidos. Platicábamos mientras caminábamos.

Una noche cuando no había luna y nos fuimos a nuestra caminata habitual, nos sentamos al lado de la alberca.

En silencio le pregunté, "¿Qué estas pensando?"

"¿Qué estas pensando tu?" él me rezongó.

"Yo te pregunté primero," le contesté jugando.

Esperé su contestación, quizás él seguiría con otra broma, pero en vez de decirme algo se acerco a mí y me besó en la boca.

"Eso era lo que estaba pensando."

No me moví y no dije nada. Mis labios todavía estaban mojados de su beso.

"Nunca había besado a un hombre." finalmente le dije.

"Perdóname. Lo siento, yo pensé que ya lo habías hecho. No quise..." Se disculpaba.

"Está bien. Está bien." Lo aseguré.

"Yo pensé que me dijiste que habías conocido a un muchacho y que te atraía...."

"Nunca hicimos nada." Le contesté.

"Besas muy bien para no haberlo hecho antes."

"Me debo de ir, ya es muy noche." Le dije.

"Lo siento."

"No te preocupes, en verdad." Le insistí.

Nos levantamos y él me encamino. Aunque le dije que no se preocupara, no era verdad porque no pude dormir durante esa noche. Me sentía confundido, porque aunque aún él no era sacerdote, él iba a ser uno. Pensaba si lo que hicimos fué malo. En nuestras pláticas él me había dicho que ser atraído por un hombre no era algo malo, que eso era lo que el catolicismo decía. Que solo era si uno actuara esa atracción.

Al día siguiente, vi a George en el comedor durante el almuerzo y lo evité. Le guarde distancia. No quería que nadie sospechara lo que había pasado entre nosotros.

Todo el día me fije en el reloj. No sé si quería que pasara el tiempo o si quería que nunca llegara la noche. Aunque me sentía distraído, tuve muchos éxitos en los malabares, el monociclo, y la magia.

Cuando dieron las diez de la noche, tenía miedo de ir a la biblioteca. Al mismo tiempo no quería que George sospechara que algo estaba mal y que le había dicho una mentira cuando le dije que no se preocupara.

"Hola," él ya estaba en la biblioteca. "¿Podemos vernos en otro lugar?" George me dijo.

"Si."

"Vamos a la alberca, ve tu primero y yo te seguiré en unos minutos. No quiero que nos vean juntos."

Salí yo primero. Se me hacia raro que ahora nos teníamos que esconder. Nuestros pensamientos ahora se preocupaban por las percepciones de lo que otros podían pensar de nosotros. Afuera la niebla se arrastraba en los cerros de Santa Bárbara.

"¿Cómo estás?" George me preguntó y se sentó a mi lado cerca de la alberca.

"Bien" le dije.

"Ojala que todo esté bien, es que me siento atraído por ti."

"Todo está bien," le dije aunque comencé a temblar. "No sé por qué tiemblo tanto. Creo que tengo frío."

George se quito la sudadera y me la dio.

"No, tu vas a tener frió." Le dije y se la regresé.

"No póntelo tu, estas temblando" siguió insistiendo hasta que me la puse.

Nos sentamos sin decir nada por unos minutos.

Se acerco hacia mí y otra vez me besó. Luego, me abrazó. Sentí su piel debajo de su camisa. Su piel era firme pero todavía era suavecita y seca como la seda. Le brotaba calor sentía la tensión de la piel cuando se estiraba por sus músculos.

No podía creer lo que estaba pasando. Yo siempre pensaba que tenía una mente abierta, pero no cuando me estaba pasando a mí. Tenia miedo aunque sabía que esto no podía llegar lejos porque me iba a ir pronto, nos faltaban ya unas dos semanas para viajar en el circo y George me había dicho que empezaba su retiro de silencio mañana.

No sabía si besar era sexo. Se me hacia tan extraño que un beso tenía tanto poder.

Después de un rato, comencé a reírme sin control.

"¿No vas a creer lo que me está pasando?" le dije.

"Se me está parando." Me carcajeé.

"No me sorprende." me dijo y siguió besándome.

Trate de entender porque me excité cuando me besaba George. No lo podía creer que yo había besado a un hombre.

Nos besamos más profundamente y pronto George comenzó a tocarme entre las piernas y por encima de mi ropa.

"¡No!" le dije.

Se disculpó y continúo besándome. Lo dejaba besarme pero de nuevo él bajaba su mano. Mi mente trataba de comprender que estaba pasando.

Le repetí, "¡Que no!"

"Bueno," me dijo finalmente, y se retiró.

No dijimos nada por un rato.

"Debo de regresar a mi apartamento. Ya es muy noche." Le dije.

"Sí, yo también. Mañana empieza nuestro retiro de silencio. No te podré hablar por una semana. Te voy a extrañar."

"Yo también. Me gusta platicar contigo."

Para no pasar otra noche sin dormir, traté de convencerme que solo nos habíamos besado y que no había pasado nada más. Que no habíamos hecho nada malo. Parte de mí estaba contento de que él iba a estar en su silencio y no nos podríamos ver por una semana. Mientras trataba de dormir, escuchaba los sonidos de bichos en la noche. La neblina seguía espesa.

13

A los dieciocho llegué por la noche a Los Ángeles sin planear muy bien mi llegada a la universidad. La universidad estaba cerrada y no había estudiantes, esta se extendía en unas 50 hectáreas. Por todas partes había escalones que llegaban a edificios clásicos. Estaba llena de rosales, áreas verdes, pilares, esculturas, y fuentes. Para mí era como entrar al Palacio de Versalles en donde vivió la reina María Antonieta. La que guillotinaron por ostentosa

La seguridad me dejó quedar en una sala de uno de los dormitorios. Aunque sin cobija o almohada, me sentí seguro de cerrar los ojos en un sofá.

Por la mañana, un muchacho de ascendencia italiana fué a investigar quién era yo. Le expliqué todo lo que él necesitaba saber de mí. Él me dijo que era un estudiante del tercer año, y que era un voluntario encargado de darles la bienvenida a los nuevos estudiantes. El buscó un cuarto para mí en el dormitorio y me dejo desempacar mis pertenencias. Por unos días, la universidad fue toda para mí. Sentí el cambio brusco cuando muy pronto llegaron 1500 estudiantes. Se veían muy pocos latinos.

Llegaron todos los estudiantes con sus padres, ellos los ayudaban a desempacar, y después se despedían. Llegó el momento en que ya nos podíamos inscribir. Yo me inscribí, al Cálculo Integral, era requisito Cultura Europea y Escritura. Después me dijeron que solo serían cinco mil dólares por el primer trimestre. Sorprendido les dije que regresaba en un rato más, que tenía que ir por el dinero.

Regresé a mi cuarto, empecé a empacar mis cosas. Durante el regreso a mi cuarto ya había aceptado mi situación. En muchas ocasiones no podía creer que estaba haciendo ahí. El voluntario me dijo "qué estas haciendo" cuando él pasó por ahí. Le dije mi problema. Me pidió que fuera al departamento de finanzas. Me dijo que estaba en el edificio de administración. Cuando llegue allí, una señora picoteo una computadora y en unos segundos me dijo que todo estaba bien. Yo le dí las gracias ni le pregunté nada, pensé que todo era un error. Y por todo un año, no me atreví a poner un pie en el edificio de administración porque tenía miedo que me descubrieran y luego me sacaran de la universidad. Yo le pegué duro a los libros porque sabía que yo no llamaría atención si tenía buenas calificaciones y por eso decidí no enfocarme en mi sexualidad. Mi enfoque era sobrevivir.

En el primer año, la cultura europea era enseñada por varios profesores, cada día un profesor en su especialidad con doctorado—historia, filosofía, literatura, música, arte, religión, feminismo, economía, gobierno, ciencia, y arquitectura—nos enseñaba su punto de vista cada vez que progresábamos por cada época. Empezamos con los griegos, y le seguimos con los romanos, el cristianismo, la Alta Edad Media (época de la oscuridad), renacimiento, la ilustración (el siglo de las luces), colonialismo, romanticismo, la revolución industrial, hasta llegar al Holocausto en la segunda guerra mundial. Analizábamos todo sin dejar ninguna época atrás.

En el segundo año, teníamos que hacer lo mismo pero con otra cultura, podía ser la asiática, la africana, la americana, o la de países del Medio-oeste. Yo escogí la cultura latinoamericana. Empezamos con las culturas pre-colombinas. Luego seguimos con la exploración europea, la conquista, la conversión, la esclavitud, la independencia, y las revoluciones civiles de los nuevos países. Exploramos como se unieron las culturas indígenas y europeas de la punta de Sur América, El Caribe, Centro América, y México. Y en otras, como también tuvo influencia la cultura africana. Hasta ese momento, yo ignoraba que ya estaba bien definido por mis antepasados. Que mi alma, no era libre aunque ya no vivía con mis padres o mis parientes. Que por las enseñanzas de mi cultura no podía identificar quien era, y que de allí venía mi melancolía.

Lo que me gustaba de la universidad era que todos los estudiantes se fascinaban con las diferentes culturas. En un sentido me sentía especial porque no había tanto mexicano. A muchos les fascinaba, especialmente a Craig. Él vivía frente a mi cuarto. Un estadounidense que estaba hipnotizado con Latinoamérica me ayudó a apreciar mi herencia de nuevo. La había perdido después de conocer a Jane. Él hizo que me mantuviera hipnotizado por ejemplo con los Toltecas, Olmecas, Aztecas, Incas, y Mayas. Nos intrigamos por el realismo mágico en la literatura latinoamericana. Comparábamos nuestras dos culturas. Él conocía muy bien el Medio-oeste de los Estados Unidos. Me intrigo oír como describía las milpas secas en el medio del país. Que eran como un océano porque cuando el viento pasaba parecían como olas de oro. Nos parecía raro que el maíz venia de los indígenas y ahora se encontraba en todo los Estados Unidos.

Un par de veces Craig y yo nos fuimos de fiesta y nos poníamos a tomar. Caminábamos por la noche por caminos secretos de la universidad. Corríamos como si nos estuviera persiguiendo alguien. Regresábamos cansados y ya bien borrachos a su cuarto y él terminaba mostrándome revistas de mujeres encueradas. Los dos nos reíamos. Luego él se desabrochaba su camisa y me mostraba su pecho. Él tenía un cuerpo muscular porque jugaba polo en el agua. Tenía ojos verdes, cabello corto pero aun así se le notaba que era rizado. Su piel siempre estaba bronceada porque el sol siempre lo acariciaba cuando jugaba en la alberca. Su cabello y bello eran güeros porque siempre estaban en el sol. Él también quería que le mostrara mi pecho. Me desabroche la camisa y se lo mostré. Craig me decía que tenía un buen cuerpo y que yo era atractivo. Yo me reía. No se lo creía porque no tenía un cuerpo como el de él. Era lo único que hacíamos—vernos nuestro pecho desnudo. No nos atrevíamos hacer nada más. Aunque parecía que teníamos toda la libertad que quisiéramos—no la teníamos. Los dos estábamos muy controlados en el fondo.

La universidad no tenía dominación religiosa. Se respetaban todas las religiones—como la protestante, judía, musulmana, budismo, y católica. Había servicios para las diferentes religiones. Podíamos ir a visitar a las demás y se nos recibía con una bienvenida para entenderla. Pero la mayoría del tiempo, los domingos nos juntábamos como con treinta alumnos en un templo chiquito para el servicio católico. Allí fue donde conocí a Sandy. La universidad la había contratado para apoyarnos. Porque nosotros estábamos en una universidad, a los estudiantes se nos daba dizque permiso para no seguir las reglas rígidas del Vaticano. El padre a veces dejaba que Sandy diera la homilía, que eran estupendas. Con confianza podíamos hablar sobre la sexualidad. En una ocasión, a solas, le conté a Sandy que yo había sido abusado de niño. También, le había dicho que no me conocía muy bien sexualmente, y que me atraían unos hombres. Ella me apoyaba y me decía que no me preocupara que con el tiempo supiera quien era yo.

En una clase de psicología que fue enseñada por una doctora latina, pude entenderme un poco más. Como humano era más complejo de lo que yo me daba cuenta. Solo había tocado la punta de un gran témpano de hielo. Decidí dejar de estudiar las ciencias. No quise seguir medicina, y me dediqué a la psicología, también seguí estudiando literatura latinoamericana.

Elegí la doctora latina como mi consejera académica, aunque yo sabía que ella era muy exigente. Creo que la necesitaba como guía, porque se fijaba muy bien en mis calificaciones, y me reclamaba que por qué no estaba en clases cuando me veía platicando con otros alumnos. En varias ocasiones, le dije que no sabía si podía continuar con la universidad, creo que a veces me sentía triste y se me hacía más fácil trabajar y ganar dinero. No sé si lo hacía para ver como ella reaccionaria. Ella pegaba de gritos. Me decía que ella me dejaba hacer lo que se me daba la gana pero con un título. Que a fuerzas lo tenía que hacer porque muy pocos latinos en los Estados Unidos terminaban su carrera. ¡Que yo no iba hacer uno de esos!

Asustado, olvidaba mi nostalgia cuando salía de su oficina. Me regresaba a mis estudios.

Cuando por fin obtuve mi título, orgullosamente fui a decirle que yo ya podía hacer lo que se me diera la gana. Le dije que me iba al circo.

Ella me felicitó.

14

En los días siguientes creo que nosotros, los del circo, también estábamos como en retiro porque no tratábamos de hablar o hacer ningún ruido. Queríamos respetarlos. Aunque los novicios estaban en silencio, parecían estar más presentes. Ellos andaban alrededor de todo el noviciado, y también se acercaban a nuestra área de entrenamiento con unas miradas perplejas, como si estuvieran en luto. Vi a George varias veces, nos sonreíamos.

Una mañana durante el desayuno silencioso, George me pasó una pequeña nota. Yo discretamente la agarré fuerte sin dejarla caer. La escondí debajo de mi plato. Cuando tuve la oportunidad, la leí clandestinamente. La nota decía que él quería hablar secretamente conmigo después de que yo terminara de practicar en el área del entrenamiento.

Me asusté y por eso puse la nota en mi boca, la mastiqué y luego la escupí para que nadie la pudiera leer.

Esta vez durante el día, no me podía concentrar en mi entrenamiento por la nota que me había mandado George. Se me caían los aros, descomponía las sogas de magia, y me caía del monociclo. Me daba miedo de verme ridículo, porque nos faltaban dos semanas para presentárselo todo al público. Cuando todo estaba bien y las condiciones estaban perfectas, no tenía problemas con mis habilidades cirqueras, pero con cualquier desviación en mi mente se me deshacía todo.

Después de terminar el día, todos nos retirábamos a nuestras habitaciones. Yo me subí de nuevo al área del entrenamiento donde George me iba a esperar. Entre la oscuridad presentí a alguien.

"Hola," le dije.

"Hola," me contestaron varias voces.

"Hasta luego." Contesté rápidamente porque me dí cuenta de que ahí también estaba el Padre Antonio. Actué como si solamente estuviera tomando una caminata. Me di cuenta que George también estaba allí.

"En un ratito bajaré," George me dijo. Se volteó al Padre Antonio y le dijo, "Vamos hablar sobre cosas espirituales."

Me dí la vuelta y caminé hacia mi cuarto. No me podía relajar porque tenía miedo sobre lo que el padre Antonio me diría. Tony escuchaba su música sin ninguna preocupación.

Después de media hora, salí y aún no había señal de George. Mientras más se tardaba, me sentía más nervioso. ¿De qué estaría hablando con el Padre Antonio?

Después un rato, en la oscuridad vi a alguien que bajaba. Yo no dije nada.

"Aquí esta George," el padre Antonio me dijo y luego se volteo hacia George con una sonrisa, "No se metan en problemas."

George me señalo que fuéramos arriba, como si él estuviera mudo. Subimos más allá del área del entrenamiento sin decir nada. Llegamos a una estructura donde el agua se bombeaba para el noviciado. Nos sentamos a un lado. No dije nada porque deseaba que él hablara primero.

"Hola, ¿Cómo estas?" él empezó.

Me desahogué, "¿Se va enojar el Padre Antonio? ¿Qué le dijiste? ¿Por qué estás hablando durante tu silencio? Me siento confundido sobre lo que estamos haciendo..."

"No te preocupes." Me puso su dedo índice en mis labios para que no dijera nada más.

Se me acercó y me besó. Me levanto mis brazos y me quito mi camisa. Me dijo que le gustaba mi pecho. Me acarició. Creo que mi pecho había crecido por todo el ejercicio que había hecho en el circo. Él también se quito su camisa. Mientras nos besamos yo continuaba con todas mis preocupaciones. Sentía su calor sobre mi torso desnudo. Era un gran contraste por el frió de la noche, la neblina empezaba a llegar. Puse mi cabeza arriba de su pecho, oía su corazón que latía tan rápido como el mío. El sonido del corazón como el de un tambor me causaba miedo y al mismo tiempo me tranquilizaba.

No decíamos mucho. Yo quería platicar lo que pasaba dentro de mí. No supe si no hablábamos porque cuando uno tiene sexo no dice nada o si era porque George quería limitar su conversación porque él estaba en su retiro de silencio.

Rompí el silencio, "Tengo miedo, George, yo fui abusado sexualmente de niño. No he tenido sexo desde entonces." Le dije.

"Todo va estar bien. No te preocupes." Me contestó.

Me siguió besando. Me sentí más tranquilo por lo que le dije. Él se fastidiaba que no podíamos estar en una cama y teníamos que estar afuera a escondidas. Él seguía besándome y acariciándome mientras mi mente quería entender lo que me estaba pasando, y como el pasado me seguía espantando. Le había dicho a George que él fue mi primer beso, pero no era cierto. Mi primer beso fue cuando fui abusado. No sabía si ese beso contaba como el primero. ¿Era virgen? ¿Cuándo uno es abusado todavía es virgen? ¿Un hombre puede ser virgen? No sabía nada sobre mí sexualidad.

Se me venían imágenes de niño. A los nueve años, un hombre viejo me había besado a escondidas. Cuando me besó, yo me retiraba pero por su fuerza no podía. Me retiraba porque su bigote y barba no rasurada de un color pimienta me picaba. También, porque apestaba a cigarro y a borracho. La piel de su cara era áspera, seca como la corteza de un árbol muerto por el hecho de trabajar en el campo por más de cincuenta años. No sabía si su resequedad era por los campos de los Estados Unidos, o si esto ya había empezado desde su niñez en los ranchos de México.

Mi mente estaba en un enredo mientras George me besaba. Le pedía a Dios que me perdonara si lo que estaba haciendo era malo. Yo perdonaría a los que a mí habían hecho daño, pero también quería que me dejara explorar mi sexualidad y sacar lo que tenia dentro de mí para saber quién era yo. En ese momento, me relajé y pude apreciar cómo se sentía mi cuerpo aunque mi mente trataba de no permitirlo porque me traía diferentes experiencias de mi vida. Muchas memorias se me venían cuando besaba a George, y nos tocábamos mutuamente.

15

El Padre Antonio me dió las sogas mágicas de Hungría para la función del circo, yo estaba contento, no por eso, sino porque pasaría tiempo a solas con él. Muchas veces, yo tenía toda su atención, que era muy raro para los otros voluntarios. Él venía a solas a mi cuarto para que le mostrara un nuevo truco. Cada que él veía mi nuevo truco su cara se iluminaba y así sabía que lo había conquistado. Así como los demás jóvenes voluntarios del circo querían sorprenderlo, yo también quería apantallarlo. Su sonrisa chistosa, con un hoyo entre los dos dientes delanteros, me hacía sentir que valía en el circo.

Después de que yo terminaba, el padre Antonio me contaba cosas del circo. Me decía que habían tenido un oso, que como un perrito había perdido una pata, y sobre el legendario voluntario Ben. Que él ahora estaba en un circo profesional. Escuchaba al padre Antonio atentamente acerca de todos los cuentos del circo sin tratar de distraerme por lo chistoso que se veía su cabello pelirrojo que le salía de los lados como alambre de un sombrero negro. El sombrero, como el de un capitán, lo usaba para cubrir lo calvo. Lo bueno era que sus ojos azules penetrantes me ayudaban a no distraerme. También, me intrigaba su boca y su habilidad de expresarse. Yo no le contestaba, por miedo de no poder hablar el inglés como él. Yo solo dejaba que sus palabras me empaparan. Creo que él igualmente disfrutaba de cómo yo lo escuchaba, y como él iluminaba a un joven admirador.

Creo que así era como deseaba a un papá. Yo lo quería apantallar y requería de su atención y protección como niño *gay*. Cuando me escape del refrigerador, en seguida mis primos me persiguieron con ratas muertas. Corriendo yo me caía en grietas, ya que se estaba abriendo la tierra para introducir drenajes y agua potable. Otras veces, me caía en pozos, pantanos, y ríos. Buscando seguridad en mis hermanos mayores, yo acababa en el medio de sus batallas. Por no ser capaz de evitar los golpes ni las piedras. Me regresaba a casa, más bien pareciéndome a 'Carrie', cubierta de sangre toda la cara por las descalabradas. Cuando no estaba con mis hermanos, dos niños mayores de la esquina querían que se las mamara. Porque no me gustaban, yo se las iba a morder. Pero en ese instante, los salvo el grito de su madre. "¿Qué están haciendo?" También me atraía el tamborazo y por eso me acercaba a los rancheros empedados. Mi pueblo me cuidaba, por ejemplo, las señoras que vendían en el mercado me recogían por estar solo y me aplastaban en sus despensas y me distraían al darme un rico jitomate.

Después de muchos abusos, descalabradas, y casi muertes, mi mamá me dejaba con una tía para que me cuidara. "No puedes salir, hasta que ese niño este dormido," Con el ingenio de una niña femenina de doce años, mi tía me daba vueltas hasta que me emborrachara. Yo intoxicado con mis propios líquidos, alucinaba con los Dioses porque mi mente daba vueltas y volaba así como ellos lo hacía en los átomos, el mundo, los planetas, las estrellas, las galaxias, y todo el universo. Aunque me daba cuenta que solo me querían dormido, que no querían que perteneciera a este mundo algún día sería mi santuario el dar vueltas para emborracharme.

Por primera vez tenía esperanzas de que fuera a brillar aunque fuera en el circo. Yo me alucinaba con estos pensamientos mientras George me desabrochaba mis pantalones. Él me metió la mano y yo no se lo permití. Seguimos el mismo ritual, él metía su mano y yo se la quitaba—yo me avergonzaba y él se disculpaba. ¿Le tenía miedo al sexo? Creo que por ser Católico le tenía miedo. Quería saber si a los demás también les daba miedo. Yo nunca había escuchado a nadie, especialmente a un hombre que le tuviera miedo al sexo. ¿Sería yo el único? Se me hacia raro que yo le tuviera miedo al sexo porque a mí me daba igual colgarme de un trapecio, caminar en un alambre alto, o meter la cabeza dentro de un león. Hasta me sentía valiente, pero ahora, estaba aterrorizado.

Un diluvio de memorias veía en cámara lenta todos los detalles cuando tenía doce años. Este día empezó como cualquier otro día común en el verano. Un vecino, con un nombre religioso, se juntó con nosotros en nuestras actividades de niños. Sé que era el principio del verano, porque todavía no hacia tanto calor pero ya no estábamos en clases. También, ya estaba usando pantalones cortos.

Aunque nuestros padres lo conocían muy bien y le hablaban usando el Don, solo por su edad mayor. Lo primero que me acorde era cómo él hablaba de mi padre, que a él no le gustó la manera que mi padre nos hablaba, que él era muy estricto y malo con nosotros.

No le puse mucha atención, y le seguí mostrando a todos cómo podía caminar con mis manos. Me llenaba de orgullo al ver que nadie lo podía hacer como yo. Me sentía como un campeón. Yo continuaba jugando hasta que poco a poquito los otros niños empezaron a irse porque ya estaba haciéndose tarde.

Don Ismael me esperó y me dijo, "¿Quieres una soda?"

"Si" le dije cansado y todavía viendo estrellitas porque mi cabeza estaba llena de sangre. Aunque sabía muy bien que mi padre no le gustaba que tomáramos soda.

Lo seguí a su apartamento. Cuando entré, le dio a la puerta un cerrón y atrancó la puerta con llave. Lo primero que olí era una ola de olor a cenicero, y de repente, se volteo hacia mí y sin yo esperarlo él acaricio todo mi cuerpo. Me arrugaba toda mi ropa.

En ese instante, alguien tocó la puerta.

"¿Dónde está Enrique? Mi amigo le dijo.

"¡Enrique, ya no va a jugar, vallase de aquí!" Volvió a cerrar la puerta con llave.

Casi me tuvo que arrastrar, porque no me podía mover. Me jaló como a un niño que no quiere ir a misa. Su familia estaba de vacaciones en México. Me metió al cuarto de su esposa. Ellos ya no dormían juntos.

Yo no me atrevía a decirle nada por ser él un mayor. Él me decía, "Que calientito estás. Que suavecito te sientes."

Con una sola mano y un solo jalón, bajo mis pantalones y calzones. Los dos quedaron en mis tobillos. Luego me aventó boca abajo en la cama. La funda era amarilla y no suavecitas porque tenía diseños que resaltaban fuera y era de una tela artificial. Yo quede con la mirada frente de una foto de su familia. La familia me veía. En el vidrio dentro del marco tenía una rajadura que era notable porque se veía que el polvo se había metido— por ello la foto se había marchitado y se veía más vieja de lo que era.

Él también se bajó los pantalones y calzones de un jalón, pero con la mano zurda, para no perder tiempo. Él quedo como yo, sin poder mover los pies porque nuestras ropas quedaron enredadas abajo por los zapatos puestos.

Aunque quería ver su órgano, por curiosidad de ver a un hombre. No me atrevía a voltearme. Su peso era enorme, y sus manos lijaban mi piel, su boca apestaba a peda y por ello él no tenía muy buen control. Por eso se levantó enojado y fue al baño para agarrar aceite.

Esta era mi oportunidad de correr, pero todavía estaba inmóvil. Estaba aterrorizado no entendía lo que estaba pasando. No lo registraba. El no haber corrido, en el futuro sería mi gran conflicto interno, peor que la violación, porque empezaría a culparme de porque no le corrí. Que por lo menos me hubiera escondido debajo de la cama. Cuando él regreso no pudo metérmela por lo borracho y aunque yo solo tenía 12 años yo sabía que él no sabía que estaba haciendo. Yo solo esperaba y trataba de consolarme.

Cuando regresé a mi casa, mi madre cocinaba. Quería meterme a bañar y lavarme, pero me gritó, "Ven a comer, no quiero estar metida todo el día en la cocina."

Pretendí que solo tenía que hacer del baño. Me limpié lo que pude con el papel del baño mojado.

Al día siguiente en la tarde cuando jugaba con mis amigos no hablaba mucho, solo me fijaba quien jugaba con nosotros. Yo jugaba y correteaba a mis amigos. Cuando vi el carro de Don Ismael, la pelota que me habían aventado me pegó en la cara. La bofetada me ardió y le corrí hacia él que me la aventó. Le quise pegar. Lo correteé hasta que los dos caímos juntos en el pasto. Nos reímos. Oí, que la puerta detrás de Don Ismael cerró. Él se metió a su apartamento. A la mejor no había pasado nada. ¿Me lo imagine? Quizás era porque estaba borracho.

Al oscurecer de nuevo, me regresé a casa. Mi madre cocinaba.

"¿Quiero que le lleves esto a Don Ismael? Su familia no está aquí y no tiene quien le haga de comer." Mi madre me dio un plato de comida envuelta en papel de aluminio. ¿Qué le podía decir? Yo siempre la obedecía. Me fui con el plato, silenciosamente enrabiado.

Volvió a pasar lo mismo con Dos Ismael. Si había sido real.

Le platicaba a mi mente, trataba de convencerla que verdaderamente no le iba a pasar nada, que no era abuso, que solo estaba explorando con George.

"¿Se me va a salir, y a ti?" George me trataba de decir al respirar rápidamente. Él me masturbaba febrilmente. Me dolía como me lo hacía.

"Déjame hacerlo," Le pedí.

Los dos terminamos al mismo tiempo.

Después de algunos segundos, sentí a gusto el frió del cemento. El cielo estaba completamente oscuro, sin poder ver ninguna estrella por la niebla. Las lucecitas de las casas eran nuestras estrellas y los bichos nos cantaban. El cemento seguía bajándome la temperatura.

Rápidamente George se puso su ropa, "Tengo que irme, alguien nos puede oír." Me dijo.

Sentí como que hubiéramos hecho algo malo. ¿Se había arrepentido? Me vestí y lo seguí.

Al despedirme, me dijo, "No me abraces. No quiero que alguien nos vea."

"Este bien." Le dije aunque no lo intentaba abrazarlo.

"Mañana nos vemos en la noche."

"Bueno." Le contesté.

Yo, como él, traté de aparentar que lo que había pasado no me importaba.

Cuanto entre a mi cuarto, Tony todavía escuchaba su Walkman. Inesperadamente, Jenny estaba en el cuarto de Carmelo y Jack ojeando entre los libros de circo.

"¿Dónde estabas? ¿Qué no íbamos a dormir afuera para despertarnos hacia la vista al mar?" Jenny preguntó.

"Si, vamos." Le dije acordándome de nuestra fabulosa idea.

Decidimos acostarnos en la azotea por el miedo de las víboras cascabel que el padre Antonio nos advirtió que había en el noviciado. Jenny y yo tratábamos de contener nuestra risa al aventar nuestras bolsas de *sleeping* y tratarnos de subir. Los dos parecíamos payasos porque no podíamos subir. Cuando logramos estar arriba, nos fijábamos muy bien que no hubiera víboras aunque estábamos en la azotea.

En alguna parte de la noche, sentí la confianza de Jenny y le platique lo que me había pasado con George. Ella me había dicho que ella había tenido una experiencia similar con una mujer. Platicamos toda la noche.

Cuando ya los ojos no nos permitían platicar más y nos reíamos de lo cansado, nos acurrucamos cada uno en su *sleeping*. Yo estaba contento de que Jenny estaba conmigo en el circo.

"Buenas noches, cuidado con las cascabeles," los dos nos dijimos al mismo tiempo antes de dormirnos. Los dos nos reíamos y apretamos nuestras *sleeping bags* contra nuestra cara para que no se nos metiera nada.

Durante toda la noche cuando las manos se relajaban y dejábamos que se aflojara el *sleeping* nos levantábamos asustados de que alguna serpiente se nos fuera a meter. De nuevo apretábamos el *sleeping* y nos volvíamos a dormir hasta que venía de nuevo el susto al relajar las manos.

16

La mañana siguiente cuando vi a George en el comedor lo único que pude hacer fue sonreír. No sé si de gusto o de fingir como me sentía. Quería hablar de todo lo que me estaba pasando ya que se estaba abriendo mi pasado, pero no podía platicar con él. Me sentía solo, y no entendía porque existían retiros de silencio, cuando toda mi vida parecía estar en un eterno mutismo. George me había dicho a escondidas que nos veríamos esa noche.

Todo el día se me hizo eterno. Nuestro entrenamiento también se estaba alargando. Solo nos faltaba una semana para irnos del noviciado.

En la noche, yo me fui directamente a la biblioteca. Ni me despedí de los otros entrenadores. George no estaba allí. Me entretuve ojeando libros y escribiendo, pero él nunca llegó. De repente me di cuenta que quizás estaba en la alberca.

Llegué a la alberca y tampoco estaba allí. Me acerque al agua. La luna se reflejaba casi perfectamente porque no había ninguna ondulación en el agua. Me arrodillé y toque el agua. El agua estaba tibia. La temperatura era tibia, como la que se usa para bañar un bebe. Al tocarla, la luna se distorsionaba.

Tener sexo con George era diferente de lo que a mí me había pasado, porque él me empezaba atraer algo. Él era muy cerca de mi edad. En contraste, Don Ismael tenía mil arrugas. No eran esas arrugas que uno ve en viejitos de noventa años que habían estado llenos de vida. Sus arrugas no coincidían a sus 55 años. Él era como una hoja seca, no una de esas que se caen recientemente de color amarillo, rojo, o hasta anaranjadas, sino que era de un café oscuro descolorido que no tenía rastro de haber tenido vida. Era muy obvio que había tenido una vida cruel, su cara lo decía pero nadie se atrevía a preguntarle. No creo que era solo el campo en los Estados Unidos lo que lo había achicharrado. Por lo severo, tuvo que empezar desde México y de niño. Era obvio que la brutalidad no venía del sol. Sino por ser esclavizado, descuidado, y él mismo ser abusado. También, su piel era más como un cuero de animal. Las puntas de los dedos, se partían y eran ásperos como una lima. Sus uñas amarillas y opacas, estaban diez veces más gruesas de lo normal por tener constante contacto con la tierra, donde sus defensas no podían pelear con los hongos. Siempre parecía que sus uñas se iban a despegar. Sus dientes de enfrente tenían una partida por abrir un día una botella de cerveza con los dientes. La partida era en forma de un arco amarillento con unos toques cafés. Se notaba que él había empezado a fumar desde pequeño para poder sobrevivir. Al verlo, sinceramente me daba tristeza y no sabía porque ese monstruo me tocaba. Solo una crueldad que yo no conocía lo podía explicar. No entendía porque los que me atraían no me hacían caso. Primero yo me enamore de mi tío. Transferí esos sentimientos por mi papá, ya que él no era palpable. Y, por eso mi libido se me trasfirió. No me sentí ser amado. Por eso ahora pensaba que nunca iba ser amado.

Empecé a pensar que quizás George se había burlado de mí. Sentía rabia. Ni me imaginaba lo que sentía una mujer abandonada embarazada. Sé que eso era algo que algunos hombres no se preocupaban, pero ahora si por el SIDA. Aunque en esa época no se sabía mucho del SIDA, me daba miedo tenerlo, me acordaba que en realidad George y yo no habíamos hecho mucho para agarrar el SIDA, sino solo nos masturbábamos.

En ese instante, oí que alguien abrió la aldaba del cerco, y caminaba hacia mí. Yo no volteé, seguía viendo la luna bailar. George se agachó y me tocó el hombro izquierdo. No volteé a verlo.

"¿Cómo estás?" George preguntó.

"No sé." le dije honestamente.

"Ojala, y no te molestes. Ya no quiero hablar hasta que se termine el retiro. Solo faltan dos días."

No le respondí. Estaba enfurecido. ¿Por qué ya no quería hablar, ayer no había sido ningún problema?

Se levantó y se fué.

Cerró la aldaba. Me volteé y me acosté en el suelo, mirando hacia arriba. Esta noche si podía ver las estrellas y sentí su escalofrío.

Las noches próximas, George no se presentó ni en la biblioteca ni en la alberca.

Cuando se termino el retiro, se empezó a oír la algarabía de los novicios. Las carcajadas resonaban hasta nuestros apartamentos. Los ruidos me levantaron y por eso me desperté ansioso, creo que era porque ya podía hablar con George.

Todo el día se me caía todo en mi entrenamiento. Hasta el padre Antonio me gritó. También ese día todos los veteranos se voltearon en contra de Tony. Que él no se concentraba en el circo, porque estaba muy enfocado en su novia. Tony había hecho un hábito de escribir cartas de amor cuando tomaba descansos durante sus ensayos. Yo también tenía miedo de que se dieran cuenta que estaba distraído por pensar en George.

Sin esperarlo Carmelo me preguntó "¿Crees que Tony no está poniendo todo su esfuerzo?" "Siempre habla de su novia. Uno no puede estar enamorado y ser parte del circo al mismo tiempo. Uno tiene que *ser* circo."

El *ser* circo, entregarse a él, era algo que cada día nos inculcaban.

"Porqué no le preguntas a él. No me digas a mí." Le respondí.

Carmelo ni me hablaba y ahora me decía esto.

Jenny, en contraste a Tony, ponía todo de su parte. Ella trabajaba muy duro. No solo le ponía todas sus ganas, sino también ayudaba a los demás. Yo siempre podía contar con ella. Pero parecía que nadie se fijaba en todo lo que ella hacía. No sé si era porque ella era mujer. Era una cosa que yo había notado en mi cultura que a las mujeres aunque hacían mucho, nunca se les tomaba en cuenta todo lo que hacían. Nunca se les agradecía. No podía creer que esto también existía aquí, porque el circo era un misión y estaba dirigido por el padre Antonio. No lo podía entender, no sé si todo esto era por la presión que teníamos, ya que en unos días salimos.

La noche que se termino el retiro no pude encontrar a George por ningún lado. Yo todavía tenía muchas cosas que decirle. En la noche, me quedé dormido pensando en todo lo que le quería decir.

Al día siguiente, le pregunte a uno de los novicios, "¿Donde está George?" Lo dije como si nada para que no sospechara nada.

"¿George? Se fue con los otros novicios a una casa que tenemos en la playa por unos días. Fueron a descansar por la intensidad del retiro."

No lo podía creer que se hubiera ido. Me enojé, y quise decir, "Su retiro no fue tan riguroso que digamos." Pero me quede callado y solo le di las gracias.

Desde allí escogí ya no pensar en George. Mi magia se volvió más intensa. Por fin la pude presentar a los demás voluntarios. Todos se asombraron de lo que podía hacer. El padre Antonio gritaba de la emoción cuando se las presentaba por primera vez. Pero creo que él que se asombro más de todos fue Carmelo. Sus ojos decían como lo había hecho. Su quijada quedo abierta durante todo el espectáculo.

Después de unos días, vi a George por primera vez en la cafetería, traté de no fijarme en él. Él se me acercaba y como que él quería que le sonriera. No le di el gusto. Yo me había educado muy bien a enojarme en silencio. Después que terminé de comer. George me persiguió.

"Lo siento que tuviste que esperar tanto tiempo." George me gritó.

No le contesté, porque tenía un nudo en mi garganta.

"Ya no tenemos que esconder nada," George me dijo al acercarme, "Nos podemos sentar aquí en el pasto y platicar."

"¿También podemos tener sexo aquí, sin esconder nada?" Le contesté.

Se volteo viendo a su alrededor para estar seguro que nadie había oído.

Él me dijo, "He tenido algo de tiempo para pensar y he tomado unas decisiones. No puedo tener relaciones sexuales con humanos. Le voy a dar mi vida a Dios. No deberíamos haber hecho lo que hacíamos la otra noche. Lo siento, todo pasó tan rápido, pero podemos ser amigos."

"Y que piensas. Te había dicho que yo nunca había tenido sexo con alguien después del abuso. No te preocupa lo que pasaba conmigo. Acuérdate que tú vas a ser un sacerdote, tienes que pensar en los demás y no solo en ti."

"Pero yo todavía no soy padre. Yo no hice nada malo." Me contestó.

"Aunque no lo seas, piensa en los demás, tú me dejaste completamente solo." Continué, "No, no podemos ser sólo amigos. Más que amigos o nada."

George se levantó enojado y se fue. Pero en un instante se volteó y se regresó.

"¿Qué significa que no podemos ser solo amigos?"

"No quiero ser tu amigo. Prefería que me dijeras que solo fue sexo y que solo fue eso. Pero no metas a Dios en esto."

"Que conveniente para ti decidir después, de tener sexo conmigo ya saber lo que tú quieres. Me haces sentir que me usaste y que yo era tú última oportunidad."

Continué caminando hacia mi cuarto.

En ese momento decidí que me enfocaría en mis amistades con los del circo, y excluir el mundo externo. Por fin, me sumergiría y me entregaría completamente al circo. Me iba a *ser* circo.

17

"Para introducir el acto de los monociclos, comencemos con una correteada," al padre Antonio se le vino de repente. Él creaba la situación para que nosotros la actuáramos.

Pretendiendo que nos habíamos robado el pollo de un carnicero, Carmelo y yo, velozmente salíamos por la abertura que se usaba para entrar a la pista del circo. Jack salió rápidamente pedaleando detrás nosotros, vestido con un sombrero de cocinero y con un cuchillo de madera grande y cuadrado. Carmelo acarreado me arrebató el pollo—de plástico—para que Jack no nos lo quitara. En ese instante, el padre Antonio se levantó de su silla de director y cerró la sección abierta del anillo del circo—la pista. Ya no podíamos salir, solo nos dábamos vueltas al corretearnos.

Por primera vez me imaginé que era un cirquero veterano con mucha experiencia. ¡Se sentía padre! Finalmente estaría frente del público. De repente sentí que era *ser* circo. Por un momento olvidé que estaba aterrorizado de estar frente a una audiencia.

La pista del circo era un cuarto del tamaño de otros circos, aproximadamente cuatro metros en diámetro. No nos llamamos "*el circo más pequeño y completo del mundo*" por nada. La pista era aproximadamente quince centímetros de ancha y su altura era como la de una banqueta común. Sus rayas alternaban de amarillo y rojo. Se había marchitado por el largo uso en el entrenamiento, aumentado raspaduras y tallones por los años. Esta pista era solo para practicar. Hasta ahora, sólo había practicado mi acto del monociclo dentro de un círculo pintado de azul en el cemento en frente de los apartamentos. Ahora, cuando yo zigzagueaba para no chocar con Carmelo y Jack, me di cuenta de que confinado y sofocante estaba el espacio dentro de la pista del circo.

Rápidamente me acordé que en unos días estaríamos ante nuestro primer público. ¿Ellos habían pasado lo que yo sentía ahora? ¿Qué pasaría si yo no era digno de *ser* circo?

Jack pedaleaba más rápido de lo que lo había hecho durante nuestras prácticas previas, y yo me agotaba para que él no me alcanzara. Jack asumió el carácter de un cocinero enfurecido, y con cada cuchillazo que pretendía darme, me tenía que agachar para poder escapar de él. Yo verdaderamente pensaba que me iba a herir, y que yo ya no terminaría el acto. Carmelo que era más fuerte que yo, parecía que lo disfrutaba todo, como si él estuviera jugando a los encantados. Él montaba su monociclo como un caballo con toda la fuerza de sus muslos, y él siempre se impulsaba en frente, dejándome a mí atrás. Carmelo parecía estar tan seguro de lo que hacia cuando le daba vueltas a la cabeza del pollo y gritaba como un gaucho Argentino, un ranchero Jerezano, o un vaquero estadounidense que iba a atar un becerro. Incapaz de alcanzarlo y ser protegido por Carmelo, Jack desquitaba toda su furia en mí. Me tenía que acordar que estábamos actuando. Jack se acercaba y golpeaba la llanta de mi monocicleta. Sentía su respiración en mi cuello. Me seguía pegando y me aventaba, esto se está convirtiendo en un juego de carros chocones, y ya no en una escena de persecución. Yo ya estaba enfurecido porque no habíamos ensayado de esta manera y no quería perder mi equilibrio en ese espacio tan pequeño.

El padre Antonio y los demás se reían. No estaba seguro si se reían de mí, o si porque la escena era cómica. Distraído por la risa, mi llanta finalmente golpeó la pista. A pesar de mi mejor intento, era incapaz de recobrar mi equilibrio, fui expulsado de la pista sin mi monociclo, como si un toro mecánico me hubiera aventado. Caí de rodillas a los pies del padre Antonio.

La risa se volvió un escándalo. Yo tenía una inseguridad tremenda. Apenado, salté de pie, dándole la vista al padre Antonio, pero rápidamente me aparté de sus ojos para evitar que me desaprobara.

El padre Antonio interrumpió la risa. "Enrique, has tu acto solitario en el monociclo."

Parecía que no íbamos a discutir extensamente de cómo fui lanzado del círculo. Me sentí absuelto porque seguiríamos adelante, aunque el próximo acto era más difícil. Jack puso una plataforma en el centro del anillo, era una mesa de un metro por un metro cuadrado. En este acto tenía que girar hacia adelante y hacia atrás como un péndulo con el monociclo hasta completar un círculo completo arriba de la plataforma sin caerme de la mesa. En los últimos dos meses, casi siempre lo había practicado en el suelo. Me sentí seguro e inseguro a la vez, había progresado desde que había llegado al circo. Me vino el miedo porque me di cuenta lo alto que se sentía ya arriba del monociclo con gente viéndome de abajo. Una caída, era algo muy serio, todo lo que había trabajado se acabaría. "¡No se pueden herir!" El padre Antonio constantemente nos taladraba. No era necesariamente solo por nuestra seguridad, sino también por al circo. Si me dañara, nadie podría ejecutar mis actos, todo se tendría que cambiar. Eso también aumentaría la carga de los demás. La última cosa que quería hacer era dañar el circo o peor todavía, ser expulsado de él.

Ya arriba de la plataforma, requería enfocarme en algo para que me diera estabilidad. Mis ojos buscaban algo. Evité la tierra por la altura. Tampoco me atrevía a ver los otros voluntarios por sus miradas perplejas que quizás decían que si me podía caer. Tuve que encontrar un centro dentro de mí. Me sacudí el cuerpo para concentrarme. Me gustaría decir que tomé una respiración profunda antes de que me montara en el monociclo, para calmar mis nervios, pero lo que de verdad pasó fue que no respiré nada era como si ya estuviera debajo del agua y recé que no me desmayara. Hice aproximadamente 30 osciladas, hacia adelante y hacia atrás, sin caerme. Entusiasmado de haberlo hecho, exhalé, sintiéndome un poco mareado.

"¡Termínalo bonito!" la voz del padre Antonio me detuvo antes de saltar de la plataforma. "Para que el público sepan que terminaste. Que estás orgulloso de lo que hiciste."

"¿Cómo Padre?" No tenía ninguna idea de lo que decía.

"Hazlo Carmelo. Demuéstraselo." Carmelo lo hizo de una forma extraordinaria. Entonces, él me miro para que yo lo hiciera.

Yo ni sabía cómo empezar. Lo intenté y solo el asiento del monociclo se cayó al suelo.

Carmelo lo ejecutó otra vez, aunque esta vez lo hizo más lento, paso por paso.

"Ahora sube tus brazos," me dijo el padre Antonio, "Y no te olvides de sonreír al público. Tienes una sonrisa que vale mucho Enrique. Cualquier cosa que te equivoques no importa, el público te va a perdonar si solo sonríes al final.

Me sentí avergonzado porque él lo había dicho en frente de todos los otros voluntarios. En un sentido me hacía sentir bien por su comentario—yo deseaba tanto su aprobación. Pero al mismo tiempo, me sentí incómodo por solo decírmelo a mí. No decía ese tipo de cosas a los demás, especialmente a los otros *Primeros de Mayo*— Jenny o Tony. ¿Y además, qué tipo de mensaje era este? Tanto que me había matado para ejecutar mis habilidades, y ahora me decía que no importaba nada, que solo tenía que sonreír.

Brinqué de la plataforma y cuando me salí de la pista del circo, me fije en un nuevo tallón negro que había marcado mi llanta. Allí, en una sección roja, innegablemente había dejado mi marca en la pista, ya pertenecía al circo.

18

Yo continuaba yendo a la biblioteca por las noches aunque George ya había dejado el hábito de venir a verme. En una de esas noches en la biblioteca, vi a Carmelo pasar por uno de los corredores oscuros y hacia mí. Nunca lo había visto en la biblioteca. Lo oí porque siempre llevaba llaves que colgaban de las hebillas de los pantalones. Sentí su vibración cuando pisaba, por las botas de trabajo que usaba—esas que tenían acero en las puntas adentro del zapato. También, él siempre cargaba una cinta negra porque tomaba muy en serio su puesto de encargado de la electricidad.

¿Qué estaba haciendo él aquí? Cuando lo vi, con su piel de color olivo, yo lo convertí en uno de esos modelos que pretenden ser trabajadores de construcción—esos que no son albañiles de verdad. Era obvio que se había bañado, porque los hombros de su camiseta estaban húmedos.

"¡Hola!" Mira lo que me encontré sobre El Circo Colibrí." A él le gustaba todo lo del circo. Él si *era* circo.

Cerré lo que estaba haciendo, me levanté, y me fui hacia una sección de revistas viejas.

Carmelo se me acerco por atrás. Puso su cabeza sobre mi hombro para poder ver mientras yo me peleaba con la revista.

"Creo que fue hace mucho tiempo," Le mostré el artículo, "El padre Antonio acababa de comenzar el circo, era cuando todavía lo hacían en la banqueta."

Carmelo se sorprendió y se me acercó para fijarse en los detalle. Descanso su quijada en my hombro. La respiración de Carmelo estaba en mi cuello. Mi pulso se aceleró. Él olía a ¡*Old Spice*! Una colonia barata que yo siempre había asociado con mi padre. Ahora era una sustancia completamente diferente. El acercamiento de Carmelo me asustaba. No lo entendía. Me intoxicaba su belleza muscular, y peor todavía, lo tierno que a veces era sin ningún esfuerzo. Aparentaba que era macho, pero en el fondo yo sentía que era eróticamente sensual.

"Mira que más me encontré." Me fui para otra sección de la biblioteca. "Éste es el padre Antonio cuando él enseñaba literatura inglesa en la universidad. Míralo, todavía tenía pelo."

Carmelo casi se cayó al suelo por la risa y luego se levantó para verlo otra vez.

"¿Donde está Jack?" Después de cagarme de la risa le pregunté. Yo sabía que Jack y Carmelo siempre estaban juntos.

"Está en el apartamento, leyendo."

"Parece que los dos son buenos amigos."

"Sí, siempre estamos juntos pero en verdad ya no tenemos mucho que decirnos."

Carmelo se sentó en el sofá. Subió los pies al lado de una mesilla con un montón de revistas Católicas.

"¿Como fue el recorrido del circo el año pasado?" Mi mente rápidamente trataba de pensar que decirle.

"Anduvimos por los estados de California, Oregón, y Washington..."

"Me acuerdo cuando ustedes vinieron a la universidad donde yo fui."

"Si, esa fue una de nuestras mejores funciones. Como que les gustó mucho el circo." Me dijo. "Estoy contento porque este año vamos a pasar por San Louis, Missouri. Es donde nací, también, vamos a pasar por varios museos sobre circos en el Medio-oeste."

"Se me hacía difícil acercarme a ti, como que te fastidiabas cuando te hacía preguntas." Me animé a decirle.

"No, no era eso. Solo que lo preguntabas cuando estábamos en práctica. Estaba concentrándome y tampoco tú te enfocabas. Me preguntabas, ¿Qué te parece el clima? ¿Qué te parece la vista del mar?..."

"Espérate, sólo trato de conocerte. Ustedes los veteranos se conocían ya. Yo soy uno de los *Primeros de Mayo.*"

"No te creas, ahora puedo ver un cambio en ti. Veo que verdaderamente estas tomando en serio el circo."

"Es que estaba pasando algo conmigo," trate de explicarle.

"¿Qué cosa?"

"Estaba algo distraído, pero ya paso."

"¿Qué cosa?" Carmelo me repitió.

"¿Conoces a George?"

"Sí, Mario me dijo que ustedes se fueron a tener sexo el día de la fiesta de San Sebastian."

"¡No hicimos nada!" exclamé. Sorprendido de que él sabía esto.

"Yo no le creí tampoco. Pero Mario estaba seguro."

"No hicimos nada, bueno esa noche. Solo platicamos sobre el circo. ¿Sabías que él estaba en el circo?"

"Si, pero no se mucho de él. Yo se que se junta mucho con el padre Antonio."

"Después de ese día, George venia a la biblioteca por las noches y nos íbamos a caminar. Tuvimos muchas conversaciones—sobre el circo, porque iba hacer un Sebastianista, y sobre la sexualidad." Me acerqué a Carmelo, "Una noche se me acercó y me besó. No me lo esperaba." Le dije.

"¿Luego, que pasó?" Carmelo me preguntó cuando ya no le di más detalles.

"Una cosa llegó a otra cosa, y una noche cuando estaba en su retiro de silencio nos acercamos más sexualmente. Y luego, ya no me quería hablar. Por eso estaba distraído."

"Yo sabía que algo te estaba pasando. Lo noté las últimas dos semanas. Pensé que ya no te interesaba el circo."

"¡No, yo quiero estar aquí! Ojala y el padre Antonio no se dé cuenta. Él nos había dicho que no nos acercáramos a los novicios, y ya lo entiendo. Nosotros somos la última oportunidad terrenal antes de su ordenación."

Carmelo y yo nos empezamos a reír. La mezcla entre ellos y nosotros era una bomba tictacareando lista para explotar. Yo había caído en la trampa.

"Nadie nunca me ha dicho algo como esto." Carmelo me dijo con mucha seriedad, "Muchas gracias, te lo agradezco."

19

Solo nos faltaba un día para nuestra primera función y por eso estábamos practicando ponernos el maquillaje. Nuestras caras parecían de mimo, solo usaríamos el blanco con un poquito de negro y rojo. Me enseñaron primero a cubrirme toda la cara con una pasta de aceite blanco. Después con un palillo de algodón debía quitarme cuidadosamente la pasta para luego rellenar lo que se había quitado con un lápiz negro. Yo dibujé unas líneas rectas que caían directamente de cada ojo y debajo de ellas les puse un aro—parecía lágrimas geométricas.

Después de que terminamos con nuestras caras, me asusté cuando me dieron un calzoncillo delgadito que tenía que usar. Me dijeron que eso era lo que usaban los bailarines. Lo detuve con un pellizcó para primero verlo y entenderle como ponérmelo. No sé si me sentía incomodo porque parecía muy femenino, o si era porque era muy masculino porque también parecía que protegía—como lo que usaban los jugaban del fútbol Americano. Incierto de como ponérmelo, me fijé en Carmelo sin que me viera para ver cómo se lo ponía. Yo casi me caí al ponérmelo. Ya puesto, me lo estiré de enfrente para que no apachurrara. No parecían que protegían por tanto que apretaban. Después nos tuvimos que poner mallas blancas, que machacaban los vellos de mis piernas y me daba ansias.

El padre Antonio nos sorprendió con nuestros nuevos vestuarios. Eran unos trajes de telas brillantes de colores con listones de oro que parecían de la época de teatro Shakespeareano. Cada uno de nosotros tenía sus propios colores, el mío era púrpura, amarillo, y con un poco de color rojo. Robert los había hecho después de tomarnos nuestras medidas. El corpiño era de púrpura y bajaba a la cintura y se dividía con una cinta dorada con diseños griegos. La tela de los hombros se esponjaban, se alternaba el color amarillo y rojo, que también terminaba con cinta de oro en las mangas y que apretada en los puños. De la cintura continuaba una faldilla muy cortita y por ello se podía ver todo, por eso usábamos mallas blancas debajo del traje. Porque el cierre estaba por detrás, el padre Antonio me lo detuvo para que yo entrara en el traje.

Ya en el traje, yo sentí que entre a otro espacio. El traje me cupo perfectamente, como si hubieran usado un molde. Caminé hacia el espejo y me miré. Se asentaban los contornos de mi cuerpo superior, y exageraba mi pecho y hombros más de lo que ya había crecido en músculos durante nuestro entrenamiento. Me sentía como un gallo de pelea. Aunque me sentía fuerte, no sabía cómo me iba a mover para hacer mis habilidades. El traje restringía mis movimientos superiores. Mis piernas, sin embargo, se sentían libres, con la poca falda que teníamos. Me sentía como que el viento me pasaba por debajo, esto me hacía sentir que podía saltar como un bailarín profesional.

Me miraba en el espejo, cambiaba mis expresiones, de alegría y de tristeza. No creía que yo era él que estaba en el espejo. El padre Antonio nos permitió que nos viéramos por unos minutos—era realmente un lujo tener un poquito de tiempo para nosotros considerando que nuestro horario se había apresurado. Nosotros los *Primeros de Mayo*, disfrutamos nuestra transformación. Íbamos a ensayar con nuestros trajes por primera vez esta noche.

Los parientes de Tony, y su novia, iban llegando en una *camper* de Reno, Nevada para ver nuestra primera función al día siguiente. La función sería en una escuela católica en Santa Bárbara. Tony estaba desesperado por ver a su novia, pero practicó y ayudó en todo lo que se necesitaba sin distraerse todo el día.

Cuando terminamos de practicar, todos nos fuimos a cenar. Estábamos tan cansados que brincamos atrás de la camioneta del padre Antonio. Por fin, los dos meses del entrenamiento finalmente los habíamos completado. Antes de que el padre Antonio hubiera parado la camioneta completamente, Tony saltó cuando vio a su novia y corrió hacia ella. Me fije en la alegría de Tony, creo que todos los demás estábamos tristes porque no teníamos a quien abrazar. Tony se quedo a comer y a dormir con su familia en el *camper*.

Después de la cena Carmelo vino a mi cuarto y platicamos sobre nuestro recorrido hacia el Medio-oeste. Carmelo se acostó en mi cama y me delineaba el camino que íbamos a viajar. En la pared de mi cama yo tenía pegado un mapa de los Estados Unidos. Él me indicó los puntos interesantes que ver. Yo trate de imaginar nuestra ruta, pero me distraía en pensar sobre las posibilidades de acercarme a Carmelo. Sentía unas mariposas en el estomago al ver su pelo color castaño claro, brilloso y ondulado en las puntas. Dijo que él no sabía que su pelo se ondulaba pero que se dio cuenta cuando le creció, dijo que podría ser por tener herencia italiana orgullosamente. En mi cama, de vez en cuando miraba de forma clandestina su pecho muscular, que era obviamente descendencia del David. Para no sentirme completamente invisible, de vez en cuando yo también le decía una cosa sobre mi herencia Mexicana.

24 de Agosto-Santa Bárbara, CA

Al día siguiente todo era luminoso y claro. Tony, su novia, y su familia nos acompañaron en el desayuno. La madre de Tony nos contó sobre cuando ella había estado en el circo hace 18 años. Ella nos contó que Tony había sido concebido mientras ella estaba en el circo, y que también fue el primer bautismo del padre. Que por eso lo había llamado Antonio. Los dos, Tony y el padre Antonio se avergonzaban.

Después del desayuno, nos tardamos todo el día para subir todo lo que era parte del circo en tráileres. Los tráileres luego eran empujados por camionetas hacia la ciudad de Santa Bárbara para la primera función.

Nos tomó como seis horas armar todo el equipo del circo en el estacionamiento de la escuela. Después de que ya estaba todo puesto y en su lugar, nos empezamos a poner nuestro maquillaje y trajes. Ya empezaba a oscurecer, con cada minuto que pasaba, podíamos oír más personas a nuestro alrededor. Nosotros nos escondíamos detrás de una lona negra que daba enfrente, tenía diseño de globos y el nombre del circo en letras de color metálico.

A esa lona se le llamaba la 'cortina principal.' En la cortina, había un agujero pequeño para que el padre Antonio pudiera ver al público sin tener que abrir la cortina. Yo tenía que subirme en una cubeta si quería ver porque el agujero estaba al nivel del padre Antonio. En una de esas miradas, yo pude ver a George. A pesar de no querer ser su amigo, estaba feliz de que yo conocía a alguien en el público.

Respiré profundamente cuando el padre Antonio sopló su silbato para que todos nosotros saliéramos al mismo tiempo a la pista del circo y empezáramos nuestra función.

Todo fué como un borrón. La función fue de una hora y media, todo fue tan rápido por la adrenalina. Porque las palmas me sudaban se cayeron mis aros y tuve que corretearlas. Me caí del monociclo, y me tuve que carcajear como payaso para disimular que eso tenía que pasar. Muchas veces, también se me olvidó sonreír. Cuando no estábamos en la pista del circo, estábamos atrás ayudándole a otro a que se preparara. Muchas veces a alguien se le olvidó algo—todos corríamos como gallinas descabezadas. Trataba de no fijarme cuando George se reía. Al final, cuando ya dimos la despedida y el público aplaudía, mi maquillaje me escurría y por eso mis ojos me lloraban.

Ya cuando la gente nos felicito y se empezó a ir, el padre Antonio nos resumió nuestra primera función, "Muy bien muchachos por ser la primera. Van a ver que con tiempo todo se va a ser rutina. ¡A los *Primeros de Mayo* no se le olviden sus partes que aun necesitan más practica!"

No sabía si estaba más cansado o avergonzado de mis habilidades. Después de terminar, lo primero que quería hacer era quitarme el maquillaje, porque me daba mucha comezón. Lo que también quería hacer era dormir, aunque fuera por sólo 15 minutos, pero nuestra obligación todavía no terminaba, teníamos que guardar todo. Lo que habíamos construido todo el día—la cortina principal, la pista, el trapecio, los alambres del equilibrista, y la pianola de música—tenía que empaquetarse cuidadosamente. Los monos, los loros, el caballo, el conejito, las palomas, y los perros tenían que ser alimentados y puestos en sus jaulas.

No sabía donde empezar, alrededor se extendían miles de pedazos de equipo del circo sobre el área del estacionamiento. Parecía que una bomba había explotado, y cada pedazo tenía que caber exactamente para la siguiente función. Todo cabía como un enorme rompe-cabezas que se empaquetaba en tráileres. Lo malo era que no había ningún manual.

Los veteranos parecían saber donde iba todo, y nosotros los *Primeros de Mayo* no sabíamos que hacer. En una ocasión Jenny había puesto encima todas las seis secciones de la pista del circo. Los había envuelto en sus bolsas de tela que cabían bien empaquetados para prevenir que se maltrataran—ya que habían sido recién pintados por Jack.

Jenny luego las guardo sobre el establo del caballo donde iban, sólo para ser regañada por el padre Antonio porque primero se tenía que enjaular al caballo. Que todo tenía su orden porque si no, no se podía abrir la jaula.

"Gracias por ayudarme." Jenny me dijo cuando le ayudaba a bajar las secciones de la pista del establo. Era obvio que nosotros los *Primeros de Mayo* nos sentíamos que hacíamos más trabajo en lugar de ayudar.

Al acercarme a Jenny, me dí cuenta de que todos aún teníamos un poco de maquillaje blanco debajo de los ojos. Era difícil quitárnoslo. Calladamente me reí, me di cuenta de que nosotros parecíamos como mofetas trabajando durante la noche.

20

Al día siguiente aún había mucho que hacer porque teníamos que empacar todo lo que no era parte de la estructura del circo para dejar el noviciado. Tal como comida para los animales, herramienta, y todas nuestras pertenencias individuales. Los tres tráilers estaban tan cargados que las llantas se aplastaban de lo pesado. Lo bueno era que todo lo que era mío cabía en una sola mochila.

Por la noche, George y otro novicio vinieron a ayudarnos a empacar lo que faltaba.

En una ocasión George me dijo, "Verdaderamente disfruté el circo."

Lo escuché sin decirle nada.

"¡El padre Antonio este año ha hecho un maravilloso trabajo con ustedes! El circo este año es el mejor que he visto. Vas a ver que en un mes todo se va hacer más fácil. Todos los detalles se van acomodar."

Lo seguí escuchando sin contestar.

"Me gustaron tus sogas mágicas. ¡Fuiste estupendo!" George me dijo.

"Gracias." Le dije porque me hizo recordar que unos niños se sorprendieron cuando vieron mis sogas mágicas. Quizás George tenía razón, teníamos una buena función solo que todavía no lo podía ver.

Después de ayudarnos por unas horas, George le dijo al padre Antonio. "¿Ya casi terminan porque me quiero llevar a Enrique a comer al noviciado? Ya no nos vamos a ver."

"Si váyanse, al cabo ya casi terminamos. Disfruten su última noche juntos," el padre Antonio contestó. "Pero no se estén muy noche porque nos vamos muy temprano mañana."

"Bueno." George contestó.

Yo no podía creer que me estaba escapando de mis quehaceres. Los demás voluntarios se quedaron trabajando. Bajamos antes de que el padre Antonio cambiara de opinión.

George me dijo "Podemos ir a mi cuarto. Finalmente, podemos estar en una cama. Nuestros superiores están en su retiro."

"¿Qué?" Le dije, no creía lo que George me había dicho. No me atreví a preguntarle porque esa pregunta él solo se la tenía que hacer. ¿Qué había pasado con Dios?

"¿Cómo viven los novicios en los dormitorios?" Como él, yo me hice el tonto,

Llegamos al dormitorio, corrió adelante de mí para asegurarse que no había nadie que nos pudiera ver. De una distancia del corredor, él me señaló que podía entrar.

Ya adentro del cuarto, él rápido cerró la puerta y puso una cadenita. Las puertas no tenían candado —no se les permitía atrancar las puertas. También, cubrió su ventana cuidadosamente con una cobertura provisional porque las ventanas no tenían cortinas. La pared era de un color blanco Navajo, un blanco con un poquito de beige que se usa en los edificios públicos como en los hospitales y las escuelas. En su pared tenía objetos religiosos, como un crucifijo, e imágenes de Jesucristo, San Sebastian, y la virgen María. Su escritorio estaba cubierto por libros religiosos o de filosofía Sebastianista. También, tenia un fregador pequeño, en donde él podía cepillar los dientes, lavarse la cara, y peinarse. Su cama era pequeñita—un poquito más grande que un catre. Lo que lo distinguía de una cárcel era que no tenia excusado. Se tenían que bañar y hacer sus necesidades en un baño común. El cuarto era como de 3 metros cuadrados y si se parecía mucho a lo que yo me esperaba, aunque había deseado en secreto que su habitación fuera un calabozo oscuro como de esos monasterios europeos de la edad media.

George se acomodó en su cama y se quitó los zapatos. Yo me senté en una silla frente a él. Él acaricio la cama señalándome que me sentara a su lado. Yo moví mi cabeza que no, que yo me iba a quedar sentado en la silla.

Luego me miró con una mirada de un cachorro triste, y otra vez me señaló que me sentara al lado de él en su cama.

"Estoy bien aquí," le dije. Aún no olvidaba cómo me había dejado después del retiro.

George saltó cuando oyó que alguien toco en puerta. Yo no me moví. No quise esconderme. Quitó la cadenita y abrió la puerta un poquito para que la persona no pudiera ver que yo estaba allí. Yo oí la voz de un novicio y George le señaló que estaba ocupado.

George cerró la puerta. Se me acerco y me besó. No me resistí, porque me regresó a donde nos habíamos quedado la última vez que nos besamos. A una parte de mí, le gustaba estar con George. Él le había dado atención a mi cuerpo después de un intenso entrenamiento y ahora lo agradecía después de nuestras últimas semanas. Por ya haber hecho algo con George, me sentía cómodo por conocer aspectos de él. Él me quitó la camisa y luego me dirigió a su cama. Otra parte mía no le tenía confianza. Estaba seguro que él solo quería sexo. Él no se atrevía a decir que solo quería esto, y que luego me dejaría. Pero lo raro era que yo era el que me iba. Él ya no me podía dejar a mí. Yo me iba por la mañana. No se si esta era la razón por la que los dos nos sentíamos sin compromiso. Pero todavía me enredaba con estos pensamientos.

Pero si cumplió por fin su deseo de estar en una cama. Parecíamos animales, nos besábamos con arrebato, nos mordíamos, tratábamos de no caernos de su camilla, me subí encima de él he hice movimientos simulando que me lo iba a coger. Por no tener la experiencia de cómo pedir un condón solo pretendí.

De repente George hizo un sonidillo que índico que se había terminado. El sonido fue tan silencioso que casi yo ni lo oí. Creo que era para que no lo oyeran. A mi todavía me faltaba mucho para tener un orgasmo y mejor no quise tener uno. De alguna manera me sentí alegre de no tener un orgasmo, porque no quería entregarme completamente a él. A mí me atraía Carmelo.

Me levanté y me vestí. Me acerqué a la puerta, y me dijo, "Te voy a extrañar."

No se si le creí, pero yo sabía que en realidad yo no lo iba a extrañar, por eso le dije solamente, "Adiós y cuídate."

Abrí la puerta con cuidado, asegurándome que nadie me viera. Silenciosamente me salí del dormitorio, y me dirigí hacia los apartamentos.

Yo deseaba que Carmelo estuviera despierto para platicar con él, aunque no le platicaría de lo ocurrido. Sólo quería estar en su presencia. Pero cuando llegué, me encontré con una oscuridad sola y silenciosa en los apartamentos. Todos estaban dormidos. Me dirigí de puntitas hacia mi cama. Me acosté, sintiendo una mezcla de satisfacción física y culpabilidad católica.

21

Al día siguiente me desperté solo. Me sentí descansado, y el sol no me encandilaba—me alegraba verlo y hasta lo buscaba. No me dolía nada. Sentía mi cuerpo vivo. Lleno de vida. Lo raro era que no me dolían las piernas, un dolor que siempre estaba allí—por eso siempre me quitaba los zapatos. No me sentía entumido. ¿Me habrían sanado las caricias de George? Me levanté contento, listo para irme y dejar todo atrás. Estaba listo para dejar el noviciado—los tres chóferes serian el padre Antonio, Mario, y Conchita.

Antes de que el Padre Antonio anunciara con quien nos íbamos a ir en la camioneta se me acercó y susurró, "Robert no va a venir con nosotros. Él se quedaba conmigo en mi cuarto. ¿Quieres ser mi compañero de cuarto, Enrique?"

"Si, padre" Le contesté sin pensar.

"Jack se va ir conmigo en la camioneta. Carmelo y Tony con Mario. Jenny y Enrique se van con Conchita." El padre Antonio luego dirigió su voz a todos.

Una parte de mi se sintió privilegiado por haberme escogido a mí, y la otra parte lo sentía inapropiado, mal. Yo sólo era un *Primero de Mayo* y aquí estaba, el director del circo preguntándome que si quería ser su compañero de cuarto—que compartiera camas literas con él. ¿Cómo podía decirle que no? No sabía cómo sería dormir no solo con el director del circo, sino también con un sacerdote. Tenía miedo de no poder relajarme con él. ¿Por qué no le había preguntado a Mario? Él era el *Maestro de Ceremonias*. Él ciertamente lo merecía. ¿Esto causaría que otros se enojaran conmigo?

La selección en cual camioneta nos íbamos a ir era crítica porque seria para todo el año. Jenny me disparó una mirada de desilusión de tener que estar con Conchita. A ella siempre la ponían con Conchita por ser mujer. Ella tenía que compartir literas con Conchita, así como la responsabilidad de cocinar cada mañana el desayuno, y ahora tener que viajar con ella. Jenny quería estar con los demás muchachos voluntarios. Le señale a Jenny siquiera los dos estaríamos juntos. Así podíamos escuchar música, cantar y contarnos cuentos.

Dejé que Jenny entrara primero. Nos turnaríamos la ventana. Me acomodé en el asiento y abrí la ventana. Dejé que la brisa fresca me pegara en la cara mientas que las tres camionetas con remolques de tráileres salían. Bajábamos del noviciado hacia el empiezo de este nuevo mundo del circo.

Me sentía un poco más centrado y orgulloso de mis éxitos después del entrenamiento. Mi cuerpo se sentía lo más fuerte que se había sentido por largo tiempo. Había venido aquí sintiéndome como un débil de 45 kilos que siempre había sido el último que escogían en el deporte y ahora me sentía fuerte. Yo tenía más músculos de los que yo había soñado en mi vida. Con el entrenamiento, había encontrado que mi cuerpo podía hacer cosas que no sabía hacer. También, había liberado un poder de eros dentro de mí. Me sentía cómodo con lo que había pasado con George y no me preocupaba ya. Cerré los ojos y respiré profundamente. Podía sentir todo mi cuerpo.

Se me hacia raro que esa mañana pude apreciar el sol al que no había aprendido a odiar, porque él era el que hacía que mi mamá nos levantara todos los días. Los días que descansábamos, ella bruscamente abría las persianas y nos despegaba las cobijas."

De niños no siempre podíamos trabajar en el campo, porque había leyes que prohibían que los niños menores de doce años trabajaran. Cuando unas personas venían a investigar nuestras edades, nuestros padres nos tenían que mandar al carro sin ya tener que trabajar. Cuando nos protegían si creía que existía un Dios, aunque fuera solo por no trabajar ya ese día. Muy pronto sabía que el diablo también existía, porque nos mandaban a que aguantáramos el calor del verano encerrados en un carro todo el día. Por eso a veces nos escondían en la cochera o en el sótano. Donde no nos podían ver y podían trabajar nuestras manitas.

Una vez, mi hermana y yo quebrábamos nueces en el sótano. Mi hermana y yo nos pusimos cerca de los escalones para que entrara algo de la luz del día, porque no daba directamente los rayos del sol. La entrada del sótano era por atrás y afuera de nuestra casa.

Golpeábamos las nueces con un martillo y una fuerza precisa para que se abriera como una cajita sin que se estrellara y se desmoronara—que quedara la nuez como una flor. Quitábamos la cáscara con nuestros deditos así quedaría la flor intacta. Luego gentilmente la quebrábamos por la mitad. La mitad se convertía en una mariposa. En un costal, juntábamos miles de mariposas. El patrón de mi papá nos pagaba más si atrapábamos mariposas perfectas. Las que se marchitaban, o se quebraban sus alas, a veces nos las comíamos—nada más que ya aborrecíamos las nueces.

Durante esas horas nos inventábamos juegos, uno era saber cuanto tiempo podíamos quedar sin movernos. Nos hincábamos, y luego dejábamos que la circulación de nuestras piernas se nos cortara. Primero sentíamos unas cosquillas en las piernas y luego un hormigueo insoportable. Los dos nos reíamos, hasta que por fin ya no podíamos sentir nada. Jugábamos a quien podía hacer sus piernas negras. Después de varias horas, no nos podíamos mover y nos burlábamos uno del otro, ya no podíamos caminar. Y aún así seguíamos buscando mariposas.

Una vez, cuando ya estaba seguro que había ganado— que ya mis pies por fin habían muerto—mi mamá me llamó.

Usé mis manos para subir los escalones. Me movía como un renacuajo, arrastrando los pies por atrás. Yo movía mi cola de un lado a otro para exagerar que me había convertido en un animal prehistórico. Mi hermana se reía, mientras ella seguía hincada.

Cuando llegué arriba y ya mi hermana no me podía ver, estiré las piernas para darles circulación. Me tardé un poco hasta que pude simular a mi mamá que podía caminar normal.

Entré a la casa, y mi mamá me dijo que me habían mandado un cheque—mi primer cheque. Yo había ganado

42 dólares. Aunque sabia que merecía más por todo los que había trabajado en el verano. No me importaba porque nunca había visto mi nombre en un cheque. ¡Como que yo si existía y valía! Toqué mi nombre, y sentí los piquitos negros que había pinchado la maquina manual de cheques. Luego seguí con los puntitos de color rojo que indicaban números cuando resaltaban. Tantos como los piquillos, yo daba de brincos por la alegría, pero obviamente más grades. También, daba unos chillidotes de alegría. Mi mamá también sonrió porque estaba orgullosa de mí, aunque su expresión fue breve. Rápidamente para que no me convirtiera en egoísta como el diablo, me dijo que le tendría que dar la mitad. No me importaba porque de todos modos, pude fantasear y hacer mis cuentos de que por fin podía salir de mi situación. De ya no ser un mexicano más en Los Estados Unidos. Que con ello me compraría cosas, como los demás. Me vestiría de un modo para poder cubrir quien era yo.

A mi se me había olvidado mi hermana. Ella no descifraba los ecos y los rechinos de la madera de la casa arriba de ella. Con cada brinco que yo daba y con cada vibración de la madera, su corazón latía más rápido. Ella también pego un brinco y apresuradamente les dio circulación a sus piernas. Ella pensó que yo gritaba porque me había quedado paralizado. Que yo ya era un entumido.

Conchita pegó un chillido y me despertó, "¿Cómo estoy manejando, me estoy saliendo de la carretera?" preguntó con pánico y sin tener buen control de la camioneta y el tráiler. "¿Está Mario detrás nosotros? ¿Dónde está el Padre Antonio? ¡Asegúrense de que no se nos pierdan! ¡Fíjense bien!" Luego respiraba profundamente, como si le estuviera dando un ataque de pánico.

Jenny y yo tratamos de estar atentos para tranquilizarla. Después de que la tranquilizamos, Conchita comenzó a pegar de gritos otra vez. La calmábamos. Cada determinados minutos, el volcán en el asiento del chofer erupcionaba de nuevo. Ella era fumadora, pero le habían prohibido que fumara cuando manejaba, nosotros queríamos que si lo hiciera después de verla reaccionar de esa forma.

Jenny y yo nos vimos con unas caras asustadas. No sabíamos si íbamos a sobrevivir en el camino. No se si le teníamos más miedo a los gritos de Conchita o a la probable volcadura del tráiler donde íbamos.

22

26 de Agosto-Alhambra, CA

"¡Bájense y diríjanme!" Conchita gritó y casi reventó nuestros oídos cuando llegamos a un parque donde tendríamos la función al día siguiente en Alhambra, un barrio de los Ángeles.

Agarré mi mochila, Jenny y yo brincamos de la camioneta, contentos de correr y alejarnos de Conchita. Aunque en realidad no sabíamos cómo ayudarla, pero empezamos a dirigir los carros lejos de ella—que ni se le acercaran.

Niños que caminaban nos preguntaban que hacíamos y que éramos. Conchita enfurecida sacaba de la ventanilla su cara sonrojaba por no ponerle atención y nos gritaba, "¡Ayúdenme!"

Un joven muscular y con ojos azules—no un azul como el cielo, sino uno de color zafiro oscuro—manejaba una bicicleta. Paró la bicicleta frente de mí, y para no bajarse, la detuvo poniendo sus pies en el suelo. En el medio de sus piernas quedo un tubo, dejando vulnerable sus partes privadas que se veían claramente por tener puesto unos shorts de nylon negro que apretaban.

Firme con sus pies en la tierra, me dijo. "¿Son El Circo Colibrí?"

"Si" distraído y un poco confundido de cómo él lo sabía. Nadie se lo había dicho.

"Yo estaba en el circo hace varios años."

"¿Hace como cuantos años?" le pregunté pero todavía ayudándole a Conchita.

"¿Conociste a George?"

"Si, él estaba en mi año."

Me volteé a verlo, "Yo me llamo Enrique."

"Yo Pedro."

"¡Después que nos estacionemos, ven a ver al padre Antonio! Le gustaría verte." Me volteé hacia Conchita.

"No, no creo. Yo me salí del circo en los primeros meses."

Lo miré asustado y sin seguridad le dije, "No creo que ya le importe."

"No, no quiero verlo."

Conchita me daba unas mirada. Dirigiendo los carros lejos de ella murmuré sin verlo, "Por lo menos ven al circo mañana."

Pedro había desaparecido porque el padre Antonio venia hacia nosotros para dirigir a Conchita como se estacionara.

Ya cuando las tres camionetas y sus tráileres estaban en el pasto. Los veteranos levantaban los anuncios, hechos de una lona de 10 metros, a los lados de los tráileres. Cada anuncio tenía pintado imágenes de circo, payasos y caballos, que parecían de la época de los veintes. Solo tenían unos pocos colores básicos—rojos y amarillos. Las lonas anunciaban el circo, mañana a las 2:30 pm ¡Y gratis! Lo mismo que yo había visto la primera vez que los ví.

Aunque estaban allí unos anunciotes, los padres con sus niños todavía nos preguntaban, "¿Qué está pasando?"

"Un circo, gratis. Mañana a las 2:30 de la tarde," les respondía.

Me interrogaban, como si les estuviera mintiendo. Con los anuncios ya puestos, ya conectada la electricidad. Solo vi a Conchita que fumaba. Yo ya no sabía qué hacer—la función no sería hasta mañana. Por primera vez, me sentí inútil. Todos los del circo desaparecieron. Creo que se fueron a sus cuartos. Yo no quería ir al mío, pero sabía que lo tenía que enfrentar porque el mío estaba con el padre Antonio.

Los tres tráileres tenían sus nombres: "el tráiler casa," "el tráiler animal," y "el tráiler equipo." Carmelo y Jack vivían en la parte de enfrente del tráiler animal. Tony y Mario se quedaban en donde estaba el equipo del circo. Mi cuarto estaba en el tráiler casa. La casa estaba dividida en tres secciones. Lo de enfrente era donde se dormían en literas Jenny y Conchita. Jenny dormía arriba. Abajo donde dormía Conchita, se convertía en la mesa del comedor. Ella no tendría su lugar para dormir durante el día, no sé si por eso siempre estaba enojada. Frente a sus literas, había un baño. Donde solo lo usaríamos si no hubiera baños públicos porque el agua sucia luego se tendría que tirar cuando se llenaba.

Después seguía la cocina, y no se podía ver de la entrada porque daba una curva. La cocina, como el circo, era compacta pero completa. Como una cocina integral, había un lavabo, una estufa, un refrigerador, y en donde se guardaba la despensa.

Había una puerta que dizque siempre cerrada, y donde nadie entraba. Era donde el padre Antonio dormía y donde se había quedado Robert por los últimos trece años. Ahora a mi me tocaba dormir allí. Me acerqué a la puerta y traté de escuchar. No se oía nada. Creo que no estaba el padre Antonio. No sabía si tocar, o entrar como si nada.

Me detuve en la puerta y me sentí como que le fuera a pedir a mi papá permiso de algo. De repente pensaba, ¿Por qué uno de los veteranos no se quedaba con el padre Antonio? Ellos lo conocían y sabían cómo era él. ¿Por qué me había puesto en esta situación?

Al abrir la puerta, me refrescó un aire frío en este día tan caluroso por ser los últimos de Agosto. También, había mucha contaminación por estar en Los Ángeles. Me sentí contento, y culpable, las dos cosas al mismo tiempo, porque éramos los únicos que teníamos calefacción. Caminé despacio y con cuidado al cuarto oscuro. Me encantó el cuarto—estaba oscuro, fresco, y nadie me iba a molestar. A mí me gustaban las siestas, esas de quince minutos, y en ese momento mi cuerpo tenía ganas de dormir. Primero vi un escritorio con papeles, creo que era el papelaje de cómo funcionaba el circo. La puerta cubría las camas literas. Cerré la puerta, el padre Antonio estaba dormido en la de abajo. Cuando lo vi, me quede inmóvil. No supe si salirme o quedarme.

Respiré poquito y sin hacer ningún ruido, me puse de puntitas para ver donde iba a dormir. Mi cama estaba arriba del padre Antonio. Mi espacio era de aproximadamente dos metros de largo, un metro de alto, y un metro de hondo. Mi espacio era como del tamaño de un refrigerador. Suficiente, para moverme solo una vez de un lado o para el otro cuando dormía. Ojala, y no me fuera a caer porque cuando me dormía me decían que parecía lombriz. Por estirar el pescuezo un poquito más, perdí el balance. Lo que parecía piso dio un rechinido—no era un piso porque toda la casa tráiler era una caja hecha de metal.

"¿Cómo estás?" oí una voz serena. Me preguntó el padre de espaldas.

"Bien, padre." Aunque no estaba bien y tenía mucho que contarle. Que yo tenía miedo. Me sentía perdido y no sabía que hacer conmigo. Quería saber porque se había ido Pedro del circo. Le quería decir al padre que Conchita se ponía histérica en el camino. Que tenía mucho sueño y que me quería dormir. No sabía cómo subirme a mi cama. ¿Qué si podía pisar la cama de él?

Con un esfuerzo de marcar mi territorio, aventé mi mochila arriba de la cama. Agarré la orilla de mi cama, y me apoyé. Me di cuenta que era muy alta para saltar. A fuerzas tenía que pisar la cama del padre Antonio. No quería pisarla cuando él estaba allí. Asimilé que iba hacer otra cosa, metí la mano a mi mochila, agarré un lápiz y mi cuaderno."

"¿A dónde vas?" el padre Antonio me preguntó otra vez con una voz amable.

"Voy a escribir o a ver que están haciendo los demás."

"¿Qué tanto escribes?" Se voltio a verme.

Con timidez le contesté. "No sé, cartas, mis pensamientos, o lo que me está pasando."

"Yo sé todo lo que paso contigo y George."

Me avergoncé, bajé la cara, y luego me confesé, "Si, padre."

"Me alega que estuvieron juntos. Él es una buena persona. No se te olvide que la cena es a las seis." Se volteo y me dio la espalda.

"Si padre." Salí rápido por la otra puerta por detrás del tráiler.

Abrí esta puerta, sentí el calor y vi que tenía que brincar como medio metro. Antes de saltar, tomé una bocanada de aire caliente y contaminado. Después de un buen balance, firme caí en el pasto y cuidadosamente cerré la puerta de metal para no molestar al padre, me enojé. ¡Quién le había dicho!

¿Dónde estaba Carmelo? ¿Qué no íbamos a estar juntos y que no los dos estábamos esperando estar en el camino? Él sabía que este era mi primer día. Me sentía como un prisionero fuera en su día, y que ya no conocía el mundo real. Yo buscaba a alguien con quien platicar. No veía a nadie. Me fui a buscar a Pedro. Quería saber por qué él se había ido del circo. Caminaba por las calles de Los Ángeles. Yo había vivido aquí por cuatro años cuando estaba en la universidad, pero ahora me sentía un extraño. Ahora, ya no pertenecía al mundo real. Pero no lloré, porque ya se me había olvidado como llorar.

23

Ya casi ni me acuerdo la primera vez que lloré, fue cuando todavía estaba dentro de mi mamá. Se me desarrollaban mis glándulas lacrimales, yo lloraba con todas mis fuerzas porque para mi nadie existía. No me daba pena porque nadie oía mis sonidos. Yo un feto, ni sabía porque lloraba. Solo lloraba por lo que mi mamá me alimentaba sus químicos por ella estar deprimida. Yo lloraba por dentro, lloraba por ella. Porque ella ya se le había olvidado también llorar. Y mucho menos, llorar en la casa de su suegra. La sal de mis lágrimas luego nos contentaba. Ya cansado me dormía. Mientras mi cuerpo se multiplicaba rápidamente.

Su cuerpo, no la mente, no era nada tonto y una vez ella sabía todo lo que yo necesitaba. Su sangre me calentaba, me acariciaba, y me masajeaba. Sus corrientes me cantaban sinfonías y cuando ella hablaba, su voz tranquila parecía ecos de ballena. Detrás de todo esto había un tambor constante—su corazón. Este ritmo, me enseñaría como manejar la respiración, que nunca la parara como su corazón. Que ni la mente enrabiada, pudiera darle un alto. No dependía de la mente.

Adentro de mi mamá, yo me alimentaba de su sangre y me la comía, pero ella no se me daba por la boca, para que no me la saboreara. Para que nunca quisiera yo comerme a otro humano. Pero si era yo un caníbal. Me la comía sin limitación. A mí no me importaba si ella no comía. Yo le quitaba su calcio, y por eso sus huesos se debilitaban.

Yo intoxicado por su alimento solo veía un color rojo no muy claro. Por lo limitado de la vista, yo me imaginaba mundos y universos. Yo creaba unos colores que aún no había visto. Yo me imaginaba paraísos, paisajes, y palacios que estaban cubiertos de cosas que se parecían a flores y joyas. Pero sentía una tristeza, de no poder compartir esa hermosura creada. Como los Dioses, para no sentirme solo, mi imaginación creaba bestias diversas. Con unos yo jugaba. Otros me asustaban.

En ese ambiente, allí me había creado *gay*. Fue muy simple, no fue nada de complejo. Ni fue un error. Se me dio una clave química para poder oler a un hombre como lo hacía una nariz femenina. Solo a unos pocos se les da esta llave. Y no podíamos oler a cualquier hombre, tenía que ser especial.

Adentro, yo buscaba los olores de mi padre. Pero por no estar, mi mamá me prestaba los que ella había guardado, los químicos y las memorias, que ella había guardado. Aun su olor era fuerte, yo me derretía su olor dulce. Con las memorias de las feromonas de mi padre, yo creaba hombre tras hombre para imaginármelo. Aunque no veía, yo generaba príncipes hermosos, valientes y virtuosos. Ellos no solo pensaban en ellos, sino también luchaban por las buenas causas. Yo en cada instante me enamoraba. Creo que yo un día había creado a un hombre como Carmelo. Alguien como él fue creado adentro de mí. Creo que por eso él me atraía cuando lo conocí.

El cuerpo de mi madre muy bien sabia que la humanidad dependía de esta clave química. Que la homosexualidad quizás existía en todo el mundo porque solo habían sobrevivido los grupos en donde unas mujeres la tenían. Cuando mujeres de estas ya no había, se mataban los hombres unos a los otros.

Sí, el cuerpo de mi mamá me hizo *gay*, y no para mí. Sino para ella, para que su ADN siempre existiera. Yo ni como hombre *gay* podía derramar ese gene, esa clave.

Ese gene, ayudaba a recordar el paraíso adentro creado en mi madre. Cuando yo soñaba adentro, la piel de mi madre me abrazaba y me acurrucaba con una presión firme, pero flexible. Me sostenía y nunca me soltaba. También, cuando yo me enojaba, yo la golpeaba y la pataleaba, sin nunca ella decirme que mis miembros se secarían, que la tierra me tragaría, o que me iba a ir al infiero. Tampoco tenía nada que darle a mi mamá. Lo único que le dada era mis desperdicios—mis cacas, mis orines y mis lágrimas. Sí, mi mamá todavía adentro de ella lleva lágrimas mías.

El paraíso termino prematuramente, cuando el cuerpo de ella me rechazaba y me atacaba. Su cuerpo me atacó con millones de soldados con una intensidad que parecía batalla Romana. Y si era cruel, como Hitler, porque también usaba químicos. Ella me quemaba. Mi primer pleito con ella.

Yo con mis príncipes y soldados, luchaba. Hasta que casi los dos nos íbamos a matar, nos separamos. Pero nada tonta mi mamá se había quedado con una de mis armas y defensas. Esas armas todavía la protegían del hombre macho mexicano.

Ella para tener paz conmigo todavía me mandaba regalos en la infancia. Cuando de ella yo me alimentaba, yo también me robaba sus armas de su leche. Por nuestra guerra, los dos vivíamos asustados, uno del otro.

La última vez que lloré como lo había hecho en el vientre, fué cuando ya tenía dieciséis años cuando el hombre del cual yo me había enamorado se iba a casar y mis padres ya me habían dejado. Eso fué cuando me fui al medio del campo que cosechábamos. Ese día no lo trabajamos, y por eso nadie estaba. Para llorar si servían los campos grandes.

Por eso ya no sabía cómo llorar en ese primer día del circo. Lo bueno era que George me había dicho que todo iba a mejorar en un mes. Solo que tenía miedo que también en eso me mintiera.

Lo único que me tranquilizo ese día fué, a la hora de la cena cuando olí a Carmelo a la distancia de la mesa. Yo soñaba que Carmelo también fuera *gay*. Porque hasta ahora la única persona que había conocido que era *gay*, era George. Trataba en la mesa de entender porque me atraía Carmelo. Me imaginaba que quizás lo quería porque me gustaba como se reía de cualquier chiste que se contaba en la mesa. Hasta de las cosas que eran desaprobadas—así como que alguien se hubiera echado un pedo. Él de su risa de alegría, de lo que a él le parecía chistoso, nunca se disculpaba.

Muy rápido, pasaba la vista por sus ojos. No me fijaba totalmente en él, porque si no, su oscuridad me tragaría. Yo, como un loco me escondía lo que sentía. Y para ahora saber que todo era solo por unas minúsculas feromonas.

¿Por qué nadie me había explicado esto? Como un loco desesperado escribía todo lo que me pasaba, para poder un día aventarlo en una botella, con las esperanzas que algún día alguien como yo me encontraría en este enorme mar.

24

Por la mañana antes de la función en el parque, decidí practicar un poco porque se me dificultaba estar en público.

En la función, no me ayudó el no conocer a nadie del público—me repetía obsesionadamente "ya nunca los voy a ver." Todavía tiré los aros y me caí del monociclo. Aunque si me había sentido un poco mejor. Esta vez en la audiencia, si me pude enfocar en un niña. Me habían dicho que era importante enfocarme en una persona para poder empezar a relajarme con el público. Yo me enfoqué en ella porque aplaudía y le encantaba el circo. Ni se fijaba en mis errores. Verla llena de alegría me había hecho recordar por que estaba aquí en el circo.

Cuando desarmábamos el circo, los que lo habían contratado, los patrocinadores, nos trajeron pizza. Empecé a sentir que la gente nos estimaba mucho porque éramos unos jóvenes misioneros.

Nos devoramos todas las pizzas en unos minutos. Todas las cajas quedaron vacías. Conchita hasta se enojo por lo que iban a pensar los patrocinadores, 'que no nos daban de comer.'

Teníamos mucha hambre porque la función requería que usáramos adrenalina sin parar. También, sabíamos que nuestra próxima comida seria la cena. La cena seria siempre después de que se guardara todo lo del circo y estuviéramos en donde nos íbamos a quedar. A veces no tendríamos cena hasta las doce de la noche.

Mientras guardábamos todo con pizza colgando de nuestras bocas, unas familias se habían quedado para ver como desarmábamos el circo. Creo que era porque les daba tristeza que nos fuéramos. La familia de la niña que aplaudía también se quedo. La niña tenía Síndrome de Down.

"Me llamo Mary Rose," Ella vino y se presento, "¿Quieren *Apple Pie*?"

"No, estamos llenos. Muchas gracias." Jenny y yo le contestamos. Después de unos cinco minutos, nos pregunto otra vez. "¿Quieren *Apple Pie*?"

"Claro que si," los dos nos dimos cuenta de que la niña quería que aceptáramos su pastel, "Muchas gracias. Nos lo comeremos en un ratito."

Mary Rose nos dio nuestra rebanada. Después de que nos la dio, su familia se levantó del pasto y fue a despedirse de nosotros. Mary Rose se fue contenta porque ella le había dado de comer a unos payasos.

Antes de la cena a escondidas, Jenny y yo nos comimos el postre tradicional de los Estados Unidos.

Sintiéndome un poco culpable de comer antes de la cena, fui a preguntarle al padre Antonio si necesitaba ayuda—él le daba de comer a los animales. Amablemente, me pidió que si le llenaba el plato de agua a los perros. Cuando ya había terminado, lo fui a buscar al tráiler de los animales. Él me pidió que no me acercara cuando él le daba de comer a los changos. Jojo, uno de los changos, le había mordido cuando alguien estaba cerca de él. Jojo se ponía celoso.

Mientras el padre Antonio les daba de comer a Jojo y Heidi, me dijo si podía armar un cerco para que los tres perros, Tasha, Jingles, y Scotti, pudieran correr. Ensamblé la jaula muy rápido porque a mí se me hacia fácil armar cosas.

"¿La armaste solo?" el padre Antonio me preguntó.

"Si padre."

"Eres inteligente, esto es difícil de armar." Terminó de hablar y se fué en dirección de la casa tráiler, "Antes de dormir me voy a tomar una ginebra y tónica. ¿Quieres una?"

"No gracias. No me gusta el alcohol porque se me hace amargo." Le contesté.

"¡No está amargo!" Se rió. "Te dejo estar con los animales un poquito más pero no dejes que nadie se acerque."

"Si, padre."

"Cuidado con los monos, Jojo y Heidi."

"Si, padre." Le aseguré.

Cuando se fué me fui primero con los changos. Aunque los deditos salían de sus jaulas, no los tocaba. Por no acariciarlo, Jojo se enojaba y sacaba los dientecillos. Yo solo le decía apapachos. "Jojo, que bonito changuito." Repitiéndole "Jojo, que bonito changuito." Quería aparentar que no le tenía miedo. Pero Jojo si presentía mi miedo porque todavía enseñaba sus colmillos. "Adiós changuito." Me despedí de Jojo cuando oí el grito que la cena estaba lista.

Me senté alrededor de los otros siete en la mesa que se convertía de la cama de Conchita. Cuando comíamos, el padre Antonio era casi el único que hablaba. Él tenía un humor ingenioso y una facilidad para hablar el inglés. Siempre me gustaba escuchar sus chistes cuando criticaba la sociedad, los políticos, y hasta la religión.

Cuando lo oí decir el siguiente chiste y se carcajeó, no me lo pude creer. Todos se rieron, menos Jenny y yo.

El Padre Antonio empezó a exagerar las facciones y palabras de Mary Rose, "¿Quieres *Apple pie?*"

No podía creer que él la estaba remedando. Él ahora riéndose parecía un muchacho de primaria.

"Yo me tropecé con Pedro—él que estaba en el circo hace cuatro años." interrumpí la risa.

Todos vieron al padre Antonio después de lo que había dicho. Él no respondió, y como que se enojo conmigo. Luego hubo un silencio en la mesa y así quedo toda la cena. No me sentí mal porque pude parar la risa.

Jenny y yo esa noche, después de la cena, nos juntamos debajo de un árbol a platicar. Nos sentamos en el pasto porque estaba húmedo y se sentía fresco. Afuera, podíamos oír la calefacción que venía de mi cuarto y el del padre Antonio.

"No puedo creer que el padre Antonio se burlaba de una niña con retraso mental." Los dos nos dijimos al mismo tiempo.

"Yo se." Le dije.

"¿En que nos metimos?" Me preguntó.

"No se si aguantare el mes." Le contesté.

Luego los dos nos reímos, pero fue una risita nerviosa. Creo que esa fue la primera vez que los dos habíamos visto que un sacerdote también comete errores humanos. Muy bien, sabíamos que ellos eran humanos, pero nunca lo habíamos visto en vivo.

Esta noche, sin pensarlo pisé la cama del padre Antonio cuando me subí a mi cama.

25

27 de Agosto-Fillmore, CA

Una amiga de la universidad vino a verme a Fillmore, California, donde una iglesia nos contrató para dar una función después de la misa. Ella llegó temprano para poder asistir a misa antes de ver el circo. Me saludó rápido porque Conchita le dijo que no me podía distraer cuando armábamos el circo. Ella desapareció en la muchedumbre.

Mientras nosotros construíamos el circo, de afuera se oía la misa que era en español porque las puertas estaban abiertas. Estaba tan lleno que la gente salía hasta afuera. Unos niños corrían para ver qué estábamos haciendo. Sus padres les señalaban que podían ver el circo pero después de la misa.

Al terminar la instalación del circo, yo tenía que ir a la farmacia porque necesitaba talco y palillos de algodón. Yo me había encargado del maquillaje y de los trajes. Cuando me hacía responsable de algo, ni siquiera sabía qué hacer en el caos de armar y desarmar el circo. Me hacía sentir útil.

Por tener que ir a la farmacia, fui a buscar a mi amiga, para ver si ella podía ir conmigo. Así nos podíamos ver un poquito antes de empezar la función.

Entré al santuario, me arrodillé y me persigné, luego trate de buscarla. Le señalé discretamente que saliera conmigo.

Afuera los dos nos dimos un abrazo. "Me siento un poco culpable que te saqué de misa." Le dije.

"No importa." Ella me contestó.

"¿Cómo estás?" le pregunté.

"Te extraño mucho." Luego me contó, "Sandy y su familia también vienen al rato para verte."

"Vamos a la farmacia, tengo que comprar unas cosas. Así podemos platicar un poco a solas."

Estaba alegre de verla y quería decirle todo. Ella me había apoyado para ir al circo. Yo tenía la oportunidad de poderme desahogar de todo lo que me había pasado los últimos meses—lo de George, lo que sabía del padre Antonio, y lo que sentía por Carmelo—pero sabía que ella me quería románticamente. No quise herir sus sentimientos. En vez de eso, le conté sobre lo duro que era estar en un circo. Estaba muy acostumbrado a platicar de este modo porque sabía cómo esconder las cosas y no decir todas las verdades. Tenía práctica de como distorsionar eventos para que no supiera quién era yo, para que disque no lastimar.

Cuando regresamos, me despedí y me fui detrás de la cortina principal.

Empecé a untarme pasta blanca en mí cara, solo nos faltaba media hora para empezar la función.

Ya disfrazado de payaso, vi por el agujero de la cortina principal a todos lo que conocía. Me alegraba ver caras conocidas aunque quería tener un poquito más de práctica para no ponerme tan nervioso.

En poco tiempo, el público creció rápidamente. Salían jóvenes y padres con sus hijos hacia el circo. Se sentaban en el pasto con gran anticipación. Los gritos de los niños crecían más.

En la función, claro que mis habilidades no eran perfectas. Pero si me sentía seguro con mis sogas mágicas de Hungría. Yo salí con tres sogas separadas y amaradas en círculo por un nudo. Mientras Mario tocaba con la guitarra la "Caravana Española" de la banda *The Doors*. Una soga la tenía en el cuello, y las otras dos las detenía una en cada mano. Uní las tres como una cadena, luego pasaba una, de una mano a la otra mano, y de las dos, hacia mágicamente una grande—se veía que todavía estaban los dos nudos. Yo sonreía y el público aplaudía. Me sacaba la tercera soga del cuello y le quite el nudo para que la soga quedara derechita. La acomodé con la otra que ya estaba en un círculo grande. Al estirarlas, todas ya era una soga larga, pero todavía se veían los dos nudos. Acerqué cada nudo a mi boca, y con un soplo se cayeron los nudos al suelo. Ahora solo quedaba una sola soga, como si nunca fueron cortadas. El público no entendía como había entrado al principio con tres sogas separadas. Yo sonreía. El público aplaudía.

Yo recogí los nudos y corrí afuera de la pista con una larga soga para que siguiera la próxima ejecución.

"¡No entienden mis chistes!" susurró el padre Antonio cuando me tropecé con él atrás de la cortina principal.

"De todos modos parece que les gusta el circo." Lo contesté.

"Esos mugres mexicanos nunca aprenden el inglés. ¡No sé porque están aquí en los Estados Unidos!"

Me retiré de él y sabía que no podía calmarlo. Aunque él me dijo esto, yo traté de disfrutar el circo. Me enfocaba en público porque nos daba energía y confianza.

Después de la función, el padre Antonio había decidido que este año íbamos a vender dulce del algodón. Los niños les rogaban a sus padres que les dieran un dólar para comprar el dulce. Los padres se rendían. Había tanto niño que Conchita no daba abasto. Ella se encargaba de hacer y vender el dulce de algodón. Conchita gritaba que le ayudáramos. Nosotros agarrábamos los dólares de las manitas y luego les dábamos una pelusa rosa hecha de azúcar para que luego ellos la empujaran a sus bocas, dejando sus manitas pegajosas.

Las filas de niños esperando no tenían fin y por ello el padre Antonio quiso poner otra máquina para hacer más algodón. Solo que no podíamos encontrar otro enchufe. El Padre Antonio le ladraba a Carmelo, al encargado de la electricidad.

En medio del caos, mi amiga y Sandy querían decirme que habían disfrutado el circo. Me salí de la venta, y me fui con ella por unos segundos. Pero cuando vimos la cara de Conchita por no ayudar, me dieron una despedida rápida y un abrazo apresurado.

Sandy me dijo rápido que iba a contratar al circo para que viniera otra vez a la universidad en Mayo del 1990. Yo me contenté porque, después de nueve meses, ya iba a estar bien preparado y mis habilidades serian perfectas. Así todos mis amigos de la universidad me podrían ver.

Me despedí, y corrí a mi puesto. Yo tomaba un dólar de un niño, sonreía, y luego les daba su algodón. Me esperaba al siguiente niño.

Finalmente, la multitud desapareció. Conos blancos de papel se caían por tan llenos los tambos de basuras y regados en el pasto, así como estaba tirado el equipo del circo. Esto era la única evidencia de la gentuza que había estado. Esta vez no me molestaba tanto la explosión, porque me gustaba la paz que sentía después de la tormenta.

Me sentía cansado, pero satisfecho. Para cambiar mi disfraz, entré a mi cuarto por la puerta trasera del tráiler casa.

"¿Cómo te fue?" El padre Antonio me preguntó desde su cama descansando y le siguió, "Fue un gran espectáculo, vendimos mucho dulce de algodón. Había como 200 niños."

"Me gustó ver a Sandy, su familia, y a mi amiga." Le contesté confundido porque pensé que él había estado enojado porque no le había entendido sus chistes.

"Hicimos mucho dinero con los mexicanos. A ellos les gusta gastar el dinero. La próxima vez debemos de tener más dulce del algodón listo para vender."

Después de que me cambié, me salí para ayudar a desarmar el circo. El padre Antonio se quedo dormido. Carmelo me dijo que el padre Antonio casi nunca nos ayudaba. Él siempre dormía mientras nosotros lo armábamos o lo desarmábamos.

Empecé a barrer el talco regado y a recoger los trajes tirados. Me metí un puño de dulce de algodón que había sobrado en mi boca. El dulce de color rosita se derritió suavemente en mi boca, mi cuerpo se contentaba porque el azúcar le iba a dar un poco de energía. Con suerte estaríamos en San Bernardino antes de la medianoche.

26

28 de Agosto-San Bernardino, CA

Nuestra ejecución en San Bernardino vino y fue tan rápida que ni me acuerdo de estar allí. Así las funciones se me iban a desaparecer.

30 de Agosto-Phoenix, AZ

Nuestra próxima parada fue en Phoenix, Arizona. Para evitar el sol caliente, salimos muy temprano. Nosotros éramos los únicos en la carretera del desierto. Solo había una nube de color rosa que parecía dulce de algodón. Todo estaba silencioso. Hasta se me hacia raro que Conchita no gritara porque el tráiler del padre Antonio de vez en cuando desaparecía en la distancia. Pero Conchita si aceleraba cuando el padre Antonio se perdía a lo lejos del desierto, en lo que parece agua.

De tanto calor, tuvimos que parar por un momento para darles agua a los animales. Después del descanso, Conchita todavía quedo tranquila. No sé si era por ella o porque se había acostumbrando a manejar—Robert había manejado el año anterior—o si era porque el calor la hacía débil. Creo que también la calmaba al escuchar a Linda Ronstadt cantar sus *Canciones de mi Padre*.

Era lo único que Conchita tocaba en los últimos días en la camioneta. Creo que sentía melancolía pensar sobre su pasado.

Jenny había traído su música y yo la mía, pero Conchita no nos la dejaba tocar. Claro que ya ni le preguntábamos, porque queríamos más la tranquilidad de ella.

Cuando la cinta de Linda se acababa—de broma y para jugar con Jenny—yo le pedía a Conchita, "¿Podemos escucharla otra vez?"

Jenny me daba un codazo porque ya estaba cansada de las mismas canciones. Ella me dijo que había soñado que solo podía cantar en español. De vez en cuando, afuera de la camioneta, Jenny me sorprendía y cantaba un verso de una canción de Linda. Luego pegábamos un grito Mexicano, "¡Ay! ¡Ay! ¡Ay! ¡Aaaaaaaaaaaaaaay!"

Los dos nos caíamos al suelo de risa.

Llegamos a Phoenix como a las doce del día a una escuela católica donde daríamos nuestra función al día siguiente. Era una escuela de niños varones y todavía estaban en clases.

Cuando Carmelo conectaba la electricidad, la luz se apagaba en la escuela. Después de varios apagones, la administración nos pidió que no enchufáramos nada hasta que los niños salieran de clase.

"Esa mujeres no sabe nada. Todas las mujeres son incompetentes." El padre Antonio le gritó a Carmelo por que no podía prender su calefacción.

Carmelo murmuró y se desahogo conmigo, "No me gusta estar en el medio. El padre Antonio quiere una cosa y la administración me dice otra."

Yo acompañe a Carmelo a las oficinas. Ellos nos ofrecieron un cuarto que tenía calefacción mientras esperábamos a que los niños salieran de clases. Los voluntarios del circo fueron allí para escaparse del calor. El padre Antonio no quiso ir, él se quedo en su cuarto, enojado y cociéndose.

Carmelo y yo nos quedamos por horas en la oficina esperando a que nos dijeran cuando podíamos usar la electricidad. Mientras, él me contó que había asistido a una escuela católica donde solo había niños. Que él nunca había convivido con mujeres.

Después de que nos regalaron la electricidad y el padre Antonio tenía su aire fresco, Carmelo y yo nos fuimos para el cuarto que nos habían prestado. Allí pudimos jugar juegos en el pizarrón y platicar con Jenny, Tony, y Jack.

Hasta Carmelo y yo nos tomamos una siesta. Cuando yo me levanté primero que él, tuve una oportunidad de fijarme en los ojos de Carmelo, aunque estaban cerrados. Pero en ese instante, él los abrió.

"¿Quieres ir a caminar?" le pregunté.

"Si" me contestó.

Cuando nos fuimos a caminar, nos encontramos una tienda de empeño. Adentro de la tienda me hacia ilusiones y jugaba con las cosas. Yo me imaginaba que tomaba fotos con una cámara vieja, me ponía una mochila verde del ejército estadounidense, y me colocaba un gorro como el que tenía Carmelo puesto.

Carmelo le preguntaba al dueño si podía ver una armónica que estaba guardada detrás de una vitrina. Carmelo la soplaba para oír como sonaba. La tocaba para ver si sonaba mejor que la que ya tenía. Yo le pedí al dueño que me prestara otra más barata.

Como si nada le pregunté a Carmelo, pero en el fondo me daba vergüenza, "¿Cuándo nos van a dar los diez dólares?" Era la pregunta que no me atrevía a hacerle a Conchita. Ella era la encargada de la administración.

"Los diez dólares de cada mes, nos lo darán ya que pase un mes." Carmelo me contestó.

Yo ya sabía esto porque muy bien lo explicaba el manual del circo. Le pregunté porque me quería asegurar, ya teníamos una semana en el circo.

Él compró una cortadora de alambre para la electricidad. Por ser de segunda, le costó solo tres dólares.

Cuando regresamos a los tráileres, los dos nos fuimos a nuestros cuartos y descansamos un poco del calor. Solo que yo en mi cuarto si tenía calefacción.

"¿Dónde estabas?," Me preguntó el padre Antonio cuando entré, con una voz que no se oía que juzgaba. Él estaba en su cama.

"Me fui a caminar con Carmelo. Compró una herramienta para la electricidad."

"¡A mí no me gusta Carmelo!" Me dijo el padre Antonio.

"Parece que es un buen muchacho. Él pone mucho de su parte para el circo." Le dije defendiéndolo.

"Si, se siente a gusto ya que está el aire prendido, si sirve para algo." Luego se volteó a dormir.

Después de la cena, la escuela nos abrió la alberca para que pudiéramos nadar y refrescarnos del calor. Nuestra piel deseaba la humedad en este desierto. Jack, Tony, Jenny, Carmelo, y yo alegremente nadábamos, saltábamos, y jugábamos en la alberca. Tony jugando me aventó agua en los ojos. Yo me defendí y le aventé más a él. Nadie se nos acercaba. Luego, yo me fui a Carmelo y le eché agua en los ojos. Él nado hacia mí como para agarrarme. Yo nadaba para escaparme. Me perseguía y como que me iba a pegar. Cuando me agarró solo me abrazó, simuló que estábamos en una lucha. Yo también abracé fuerte su pecho de David desnudo. Cuando nos soltamos, yo me fui a salpicar a Jenny para que nadie se diera cuenta de lo que yo sentía por Carmelo, especialmente él.

Durante la noche, nosotros los misioneros chapoteábamos como niños en el agua debajo de un cielo lleno de estrellas. En momentos como este, todo en el circo se veía de oro, aunque chapeado.

27

31 de Agosto-Flagstaff, AZ

En nuestro camino hacia Flagstaff vi muchos anuncios del Gran Cañón. Entramos otra vez al estacionamiento de una iglesia. Jenny y yo nos dimos cuenta que no sería fácil que Conchita se estacionara—la abertura del cerco era pequeña y muy fácil el tráiler podía rasparse. Antes de que Conchita tuviera la oportunidad de gritarnos, Jenny y yo saltamos de la camioneta para guiarla. A la distancia, de la iglesia católica había otra iglesia protestante de estilo arquitectónico medieval con arcos altos y torres góticas que tenían campanas que tocaban cada quince minutos. Por la altura de la ciudad, el aire se sentía fresco. Era un contraste al calor que habíamos sentido en Phoenix.

Cuando nos estacionamos muy pronto empezamos a armar el circo porque nuestra función era el mismo día. Después de levantar el circo, me di cuenta que yo tenía que lavar unas de las prendas del circo—mallas, calzoncillos, y leotardos. Las necesitábamos todos para la función. Le pedí a Conchita si ella me podía llevar a una lavandería y enseñarme a lavarlas. Robert me había dicho que le pidiera a Conchita que me llevara y me enseñara como lavar esas prendas delicadas.

"¡No te puedo llevar!" Me contestó Conchita. "Estoy ocupada." Estaba contando el dinero que habíamos hecho con el dulce de algodón. Le pedí que por lo menos me dijera como lavar la ropa para ir a buscar una lavandería.

Cuando me dijo—casi regañándome—como lavarlas, junté la ropa en un morral y me fui caminando a buscar una lavandería. Cuando la encontré, lavé todo en la maquina en el ciclo delicado y hasta le adelanté un poco el tiempo para que no se tardara tanto. Ya lavadas las metí a la secadora también en lo delicado.

Con cada vuelta que daba la secadora y con cada tocada que daban las campanas, me criticaba "Por qué me pasé jugando en la alberca la noche anterior, mejor me hubiera preocupado en lavar la ropa del circo."

Muchas veces pare la secadora y metí la mano para sentir lo húmedo de las prendas. Cuando por fin estaban casi secas—solo se notaba un poco de humedad—me las llevé al circo.

Estaba contento de que todavía nos faltaba algo de tiempo para la función y toda la ropa estaba lavada. Pero muy pronto me di cuenta que los veteranos estaban enojados conmigo. Sentí que no me hablaban. Yo les expliqué que ya todo estaba limpio.

Jenny vino y me dijo que habían hablado de mí, y que estaban enojados conmigo porque no estuve en la revisión del equipo. Cuando terminábamos de armar el circo—una hora antes de la función—todos nos juntábamos para estar seguros que todo el equipo estaba en su lugar. Yo no había estado allí para decirles que todo lo mío estaba en su lugar y listo para la función.

"¡No quiero que llegues tarde para el chequeo del equipo!" Mario, el *Maestro de Ceremonias*, me regañó y se fué. Me atonté y no le pude responder. Me quería justificar pero no me dió la oportunidad. Me había dejado solo. Me tuve que tragar mis explicaciones y muy bien sabía que ya nunca iba a llegar tarde.

Ya cuando empezó la función, traté de olvidar que había sido regañado. No me podía quitar la crítica de mi mente, y por eso mi ejecución fue adversamente afectada. Yo sentía que estaba mejorando con cada función, pero esta vez, la crítica se había dañado y no sabía cómo dominarla.

1 de Septiembre-Gallup, NM

Cuando desarmamos todo y la caravana de tráileres iban hacia nuestro nuevo destino—Gallup, Nuevo México—yo todavía cargaba conmigo la paliza psicológica que me seguía dando. Pero me dio consuelo el hecho que muy pronto estaría de pie a la orilla del precipicio mirando una de las Grandes Maravillas del Mundo. Aun estaba más animado de ver el Gran Cañón, quizás ver su inmensidad me ayudaría a poner las cosas en diferente perspectiva—quizás mis problemas no eran tan grandes.

Nuestros remolques siguieron caminado y pasaron todas las señales del Gran Cañón. No nos paramos porque no había tiempo—teníamos que llegar a nuestra próximo destino. En mi desilusión, empecé a descubrir que no iba a ver las maravillas que este país tiene que ofrecer, sino simplemente iba a conocer los estacionamientos de iglesias. También estaría constantemente buscando lavanderías en el Medio-oeste de los Estados Unidos.

Cando llegamos a otro estacionamiento, nos saludó una señora mayor, que se encargaba de la parroquia. Antes de saludarnos se limpió las manos en su delantal. El diseño floral de su delantal chocaba con el diseño floral de su vestido. Alrededor de ella también había una docena de niños. Me recordaba la señora del cuento que vivía en un zapato con un montón de niños.

Cuando nos estacionamos, la señora nos regaló electricidad, y nos ofreció refrescos. Aprecié su hospitalidad y empecé a pensar que quizás no iba a conocer importantes monumentos nacionales, pero si iba a tener la oportunidad de conocer muchas personas interesantes a través de este país.

Jenny y yo jugamos con los niños que habían rodeado a la señora. Ellos nos preguntaban sobre el circo y como era la vida de un payaso. Nosotros exageramos nuestras expresiones cuando les platicábamos como vivíamos en el circo.

Al día siguiente, durante la función, sentí que verdaderamente al público le encanto el circo. El padre Antonio estaba contento porque había muchos mexicanos y así podía vender más dulce de algodón—aunque no podían entender sus chistes. Esta vez me pude fijar un poco más que antes en las caritas de los niños cuando yo hacía mis malabares y me equilibraba en el monociclo. Mi ejecución mejoraba aun más.

Cuando desarmábamos el circo, la señora encargada también instalo su puesto—solo que el de ella era mejor porque ella también vendía palomitas de maíz, globos, y refrescos. Esto no le agradó nada al padre Antonio, lo oí gruñir porque su pequeña empresa de dulce de algodón tenía competencia. Las ventas de nuestro puesto eran bajas. Pero lo que hizo que el padre Antonio se enojara más era que ella después de un rato empezó a desparramar su mercancía sin cobrar. Ya no se iba a vender el dulce de algodón. Todos los niños se arrebataban las palomitas, como si se hubiera roto una piñata. Nosotros los *Primeros de Mayo* también arrebatamos bolsas de palomitas como los niños.

Yo quería regalar nuestro dulce de algodón—solo que no me atrevía porque Conchita los guardaba ferozmente como una leona cuidando a sus cachorros.

Esa noche, la señora nos dejo quedar para que no tuviéramos que viajar en la oscuridad. Después de la cena, me fui a escribir a mi cama mientras el padre Antonio leía el periódico debajo de mí.

"No se quienes son más perezosos, los mexicanos o los indios. ¡Uno no puede confiar en ellos, todos son alcohólicos!" el padre Antonio dijo.

"¿Se le olvida padre que yo soy mexicano?" le pregunte para que parara sus comentarios racistas.

"Si, pero tú eres muy atractivo." Le siguió, "No quiero que Jenny se vaya a caminar sola, algo le puede pasar."

Pero no se levantó para decirle nada a Jenny. En cambio, solo volteó su periódico y se tomó su ginebra y tónica.

28

Cuando conocí a Paco, él era un adulto de treinta cinco y yo de nueve años. Él era un trabajador de Nuevo México que venía solo a las cosechas en los veranos en California. Porque a mi papá le gustaba vernos trabajar y que nos hiciéramos independientes, él dejaba que Paco nos llevara a trabajar en el campo. Mi papá ya trabajaba en la tienda. Ya acostumbrado a él, mis padres también lo dejaban que hasta nos llevara a la pulga de San José en los días de descanso.

Un día Paco nos llevo a la tienda—que no era raro. Nosotros por estar en el campo vivíamos muy lejos del pueblo. A veces hasta mis padres le pedían que nos hiciera el favor de llevarnos para comprar algo del mandado que se les había olvidado.

Lo que se me hizo raro de ese día fue que Paco le compró dulces a Miguel, un muchacho guapo que fue con nosotros. Él ni era su pariente. Me celé. ¿Por qué a él sí?

Otro día, Paco nos llevo a Miguel y a mí a la tienda otra vez. Yo no necesariamente tenía que comprar algo pero como tenía un dólar que me había ganado trabajando, yo fui a ver qué dulces me podía comprar. Las gotas de limón estaban en oferta—dos por un tostón. Normalmente costaban cincuenta centavos cada paquete.

Cuando fui a la caja a pagar dos paquetes, Paco me dijo que él me los compraba, así como también le iba a comprar unos dulces a Miguel. Yo quité uno de los paquetes para no ser un aprovechado. Estaba contento que podía guardar mi dólar para luego comprar otra cosa.

De regreso a la casa, me senté en medio de Paco y Miguel en su camioneta. Cuando pasamos por un pedazo de la carretera donde ya estábamos fuera del pueblo de Hollister, Paco me ordenó que hiciera algo pero no le entendí.

"¿Mande?" le pregunté.

"Quiero que me beses," me ordenó, pero esta vez lo dijo con más fuerza. Él todavía manejaba.

"¡Guácala!." Le contesté, haciendo un gesto y luego me volteé con Miguel. Él estaba enfocado en su bolsa de sus dulces.

Oí que Paco dio un gruñido y quiso contestar algo pero no se le entendió por estar enojado. Luego aclaro su voz y dijo, "Miguel lo hace."

"Si, así se hace." Miguel dejo de buscar el dulce que quería y se cruzó en frente de mí. Paco se acercó a besar a Miguel.

No era un beso de los que yo sabía dar. No eran los piquitos que yo daba a los cachetes de mis padres cuando era sus cumpleaños o saludaba a una tía. Era uno de esos que se veían en las películas que por ser niño todavía me daba asco.

Frente a mis ojos, yo quedé en el medio del beso. Paco le comía los labios a Miguel.

Este beso fue una visión poderosa. Yo quería besar a Miguel no a Paco.

Cuando Paco me besaba, me dolía. Me chupaba los labios fuertes. Me quise retirar de él, pero más me mordía los labios para que no me soltara. Mi corazón empezó a latir fuerte, pero no sabía por qué. No sé si tenía miedo de que no me pudiera soltar—como si hubiera pegado mis labios mojados en un congelador—o si tenía miedo de salirnos de la carretera. O, si no era miedo, sino que estaba excitado de ver que Miguel besar un hombre.

Al despegarme, Paco me dijo, "Tienes unos labios muy hermosos, así como los de Miguel."

29

2 de Septiembre-Albuquerque, NM

"¡Llegamos tarde, llegamos tarde!" el padre Antonio comenzó a gritar en cuanto llegamos a nuestro nuevo sitio donde ejecutaríamos la función.

Rápidamente abrimos los tráileres y empujamos todo el equipo del circo afuera. Mucho del equipo del circo estaba en cajas de madera grandes, que eran más grandes que yo. Era difícil empujaras porque las ruedas pequeñas se atoraban en el pasto mojado. La función iba a ser afuera. Para mover una caja necesitábamos varios de nosotros. Tony y yo nos encargamos de descargar lo que estaba adentro del tráiler de los animales.

Como siempre, nosotros sacábamos todo en su orden. Primero sacábamos las jaulas de los changos, Jojo y Heidi. Luego sacamos la jaula del poni, Dan. La jaula del caballito era probablemente uno de los artículos más pesados que teníamos que mover. Arriba de él estaban las secciones de la pista del circo que se tenían que quitar primero para poder moverlo. Cuando sacábamos las secciones, Jenny armaba la pista del circo. Era muy obvio que Dan, el potro, odiaba su jaula porque cabía perfectamente sin moverse. Yo era el que tenía que meter al caballito a su jaula. Dan se había condicionado a no quererme. Él siempre me quería morder y darme de patadas. Yo le tenía que rogar que se metiera con manzanas, gajos de naranjas, y alfalfa fresca. Una vez, nosotros no pudimos cargar el tráiler con los animales porque Dan se negaba a entrar a su jaula, yo me perturbaba porque no lo podía convencer para que se metiera.

Las guacamayas, el Señor Azul y Archí, seguían después del caballo. Los dos gritaban y nos cuidábamos que no nos arrancaran un dedo al mover su jaula. Encima de su jaula esta Günter, un conejo orejón inmóvil y pasivo. Günter no se movió mucho y casi nunca daba señales de vida pero sabíamos que estaba vivo porque se le movían los pelos de la nariz al respirar. Sí demostraba afecto solo cuando quería avena. Él me jalaba el plato de mi mano.

Luego seguía una caja en la cual estaba un globo grande, como de un metro de diámetro, sobre el cual Mario se balanceaba, al principio de la función. En el tráiler de los animales, también teníamos equipo del circo porque todo no cabía en el otro tráiler. Arriba de esta caja, estaba la jaula de las palomas. Empujamos la caja rápido porque se nos hacia tarde, la jaula de las palomas se resbaló y saltó toda la comida, agua, y caca de las palomas. Rápidamente limpié todo lo que saltó para cubrir la de evidencia.

Los perros eran los siguientes y estaban en tres jaulas una encima de la otra pero separadas—parecían como camas literas. En la de arriba estaba Scotti, mi favorito de los tres perros. Scotti siempre estaba feliz y siempre brincaba aunque solo tenía tres patas. Él siempre me seguía, y siempre me quería saludar con su única patita delantera. Con él no nos tomó mucho tiempo conocernos. Primero me olió, yo lo acaricié, y desde entonces siempre le gusté.

Lo malo de Scotti era que le tenía confianza a todos y por eso perdió su pata cuando se le acercó mucho al oso. Cuando el oso se atrevió a morder al padre Antonio, el oso término en el zoológico. En otra ocasión, Scotti ya casi perdía otra pata porque se le había acercado a Jojo. Jojo tenía muchos celos de los perros porque siempre los acariciábamos. Jojo le alcanzo a agarrar la pata a Scotti y lo mordió, causándole una infección. Afortunadamente los antibióticos le salvaron la pata. Scotti no ejecutaba en el circo este año porque estaba enfermo. Él sólo lloraba cuando lo teníamos que meter a su jaula. Lo teníamos que meter en ella para que no se moviera mientras manejábamos. Cuando llegamos a nuestro destino, siempre se oía a Scotti ladrar y llorar hasta que lo sacábamos. Por ello, Scotti normalmente era el primero que liberábamos por ser tan ruidoso. Yo aprendí a imitar sus lloridos de perrito y los usaba con Jenny y Tony cuando nos regañaban. Los dos se reían.

Debajo de Scotti estaba Jingles. Ella no demostraba ningún afecto, no jugaba. Creo que era porque ella había estado en el circo desde el principio—hace 18 años. Por su edad, ella ya no podía ver y se tropezaba al caminar. Tampoco podía oír bien. Lo que ella hacía en el circo era estar arriba del caballito Dan y luego brincar al aro de madera. El padre Antonio le indicaba cuando debía de brincar. Por no poder oír bien, Jingle muchas veces no saltaba y un aro de madera la tumbaba de la silla del caballo y caía al suelo.

Nosotros no entendíamos porque el padre Antonio todavía hacia que Jingles estuviera en el circo. Nos preguntábamos por qué no la dejaba retirar. Pero nadie se atrevía a decirle esto al padre Antonio. Este era el acto final del circo. Cada vez que llegábamos a esta parte, yo cerraba mis ojos, y no respiraba, y pidiéndoles a todos los Santos que Jingles oyera su señal y saltara a tiempo. A veces, este evento determinaba si había sido una buena o mala función.

Tasha, una perrita Husky, era la que seguía en la jaula de abajo. Aunque era la más grande, todavía era una cachorra y no la podíamos controlar. Se necesitaban dos para detenerla y poderla llevar a tomar agua. Tasha se nos había escapado cuatro veces de las ocho ejecuciones que ya habíamos tenido. Todos corríamos a perseguirla como policías buscando a un fugitivo. Quien la capturaba era el héroe ese día. Günter, las palomas y Tasha, también era *Primeros de Mayo* ese año.

Ya que habíamos sacado todos los animales del tráiler, seguía la pianola. La pianola proporcionaba la música a nuestras ejecuciones. Se usaban rollos de papel que en él se les había pinchado hoyitos que tocaban melodías del circo clásicas. Para protegerla lo cubríamos con una cubierta hecha de esponja y lona. Por ser tan grande y pesada, Tony y yo la movíamos. Uno la estiraba y el otro la empujaba. Era fácil de moverla porque tenía llantas abajo, pero la cuidábamos para que no se nos cayera en la rampa que se usaba para bajar todo. Lo único que quedaba en el tráiler era un poco de aserrín y alfalfa en el suelo. Siempre lo barría para que todo quedara limpio.

Mientras nosotros sacábamos a los animales, Jack, Carmelo y Mario descargaban todo lo demás del tráiler del equipo del circo. Jenny ayudaba con los dos tráileres.

Conchita trataba de armar el puesto de algodón. El padre Antonio dormía. Pero esta vez por llegar tarde, él nos ayudo a empujar parte del equipo. El padre Antonio nos seguía regañando para que no se nos olvidara que llegamos tarde.

En ese momento, la mayor parte de armar el circo era ya agradable. Todos desarrollábamos una rutina de lo que teníamos que hacer y trabajábamos juntos sin molestar a los demás. No había tiempo para pensar, solo para hacer nuestro trabajo.

Antes de que empezara nuestra función, el padre Antonio nos presentó a Steve—un voluntario que había estado en el circo anteriormente. Todos lo querían conocer porque el padre Antonio parecía ser muy aficionado a él. Era muy claro a quien el padre Antonio había querido y a quién no.

Steve era favorecido aunque él había dejado el circo—no había terminado el año. También, me había dicho que George se había salido del circo a medio año. No me había dicho por qué. Como que no se hablaba de eso.

En la función realmente me iba bien, no se me habían caído los aros, no me caí del monociclo, y parecía que al público le gustaba el circo. A Steve, parecía que también lo disfrutaba. En un punto en la función, el padre Antonio me dijo al fijarse en hoyito donde podía ver el público, "Steve es muy atractivo. ¿Tú piensas que es atractivo?"

"No lo había pensado." Le contesté.

"¡Yo no sé porque se caso con esa mujer!" Su tono de voz cambió.

Se me hizo medio extraño lo que dijo pero me alejé de él. Me fui a enfocarme y concentrarme porque seguían mis sogas mágicas.

Desarmar el circo fue difícil, un poco más de lo usual, porque el pasto todavía seguía húmedo. Pero lo vi por el lado positivo. No teníamos que ir lejos a nuestro próximo sitio porque sería también en Albuquerque.

El padre Antonio esa noche me dijo que él era *gay*. "Yo sé que a ti te atraía Gary cuando primero viste el circo." Me dijo el padre Antonio.

"No es cierto padre." Le contesté honestamente. Secretamente la persona que se me hacia atractivo era Carmelo. Pero no le quería decir eso.

"Gary siempre se ajustaba sus calzoncillos frente a mi cuando nos poníamos los trajes antes de la función. Yo se que él lo hacía para que lo viera."

"¿Mande?" Le pregunte para estar seguro que le entendí bien.

"Que Gary siempre me seducía...." Me contestó y le siguió, "Yo me esperé hasta que tuviera 18 años."

30

En California, las cosechas casi siempre eran en los veranos y empezaba el movimiento de la mayoría de gente Mexicana en el valle de San Joaquín. Yo esperaba a Miguel en el hormiguero—él venía de Los Ángeles cada verano para quedarse con su abuelo Don Ismael. Paco llegaba unas semanas después, a buscar trabajo en California. Aunque tenía orígenes mexicanos, Paco no emigraba de México—él venía del estado de Nuevo México. Paco venia con Don Ismael porque los dos trabajaban en el campo.

Con cada verano que pasaba, Miguel físicamente maduraba más. Aunque él también era mexicano, no lo parecía, no era porque él no hablaba el español muy bien, más bien era porque él era alto, grande, y moreno, parecía mulato. Miguel tenía el mismo color de tez de Kaliman— un color sepia como la tinta de la revista Quizás el venia de la descendencia de los que huyeron de los Estados Unidos cuando ya México no tenía esclavitud en 1829. Que esto eventualmente causó la guerra en Texas porque los estadounidenses que vivían en México todavía querían tener sus esclavos y no querían reconocer la nueva ley del México independizado.

Miguel maduraba rápido, y no era porque le salían más y más vellos—casi ni le salían vellos—sino porque sus músculos crecían cada vez más grandes y sus feromonas se distinguían y lo definían. Aunque solo nos lleváramos un año—él ya tenía once años. Aunque siempre estábamos juntos, yo no sabía que pensaba Miguel de mí. Era difícil saberlo porque Miguel era un niño masculino que siempre estaba alegre con todos. Él era juguetón y siempre quería tener un amigo. No creo que él notaba nada en especial conmigo. Aunque él se atrevía a cualquier cosa conmigo—a manejar la bicicleta sin manos, resbalarse de una loma con un pedazo de cartón, o nadar en un río. Aunque yo se que estaba seguro que si lo besaba no me rechazaría no me atrevía porque yo quería que viniera de él, que si sentía él lo que yo sentía.

Ya cuando llegaba Paco, él nos seguía comprando dulces. Eran como los que vendía en Jerez—no estaban envueltos cada uno en plástico y no tenían marca. Yo elegía los que tenían colores brillantes, parecían listones de cera. De vez en cuando si compraba los de marcas reconocidas—los que traían de México para que no olvidarnos de dónde veníamos—los mazapanes, las pulpas, y los chicles. Paco a veces también nos daba tragos de cerveza.

31

5 de Septiembre-Denver, CO

Conchita se fue con sus parientes después de que estacionó la camioneta porque ella era de Denver, Colorado. Sin saber qué hacer y tener que esperar la cena, Tony, Jenny, y yo fuimos a caminar. Cuando vimos los anuncios de nieves, en una cafetería, se nos hizo agua la boca. Yo les dije que tenía un poco de cambio de cuando fui a la lavandería y que quizás con eso podíamos comprar algo. Tony y Jenny también dijeron que ellos tenían un poco. Los tres lo juntamos y alcanzamos a comprar un *Sundae*—que era una nieve de vainilla en un vaso con cajeta caliente, nueces, crema, y una cereza.

Sentados con una sola nieve y tres cucharas, nos turnábamos en darle cucharaditas respetuosas a la nieve. No sé si el comer un postre antes de la cena nos facilitó rebelarnos, nos quejamos por primera vez. Obviamente, cada uno de nosotros entendimos que no se iba a decir nada sobre nuestra plática. Era difícil criticar el circo, porque eso significaba que no nos habíamos entregado completamente al circo. Si lo criticábamos, lo sentíamos como herejía o traición, y le teníamos miedo a la inquisición del padre Antonio. No solo era su rechazo, sino también el rechazo de todos. Por eso nosotros, los tres *Primeros de Mayo*, hicimos un pacto, que esto solo lo hablábamos en secreto. Entre los tres nos repartimos la cereza artificialmente colorada.

Pensando que nos habíamos tardado, los tres llegamos respirando rápido pero no profundo al llegar a la cena. Carmelo todavía preparaba su famosa comida italiana. Los tres nos relajamos.

Ya en la noche, agotado por el día y por la pasta cocinada por mi admirado cocinero italiano, me subí a mi cama. Ya era común que el padre Antonio me preguntara sobre mi día.

"Siento que me estoy acercando a todos. Me gusta convivir con los *Primeros de Mayo.*" Le contesté.

"Me preocupa que te acerques a todos. George también era como tú. Cuando se fue del circo, se tuvo que ir al hospital."

"¿Al hospital?"

"Si, era muy sensible. Se acerco a todos y luego era mucha carga para él."

"Él no me dijo que estuvo en el hospital por el circo." Le contesté.

"Casi nadie lo sabe. Fue un drama." Luego me dijo, "¿Tony es muy atractivo?"

8 de Septiembre-Omaha, NE

Al llegar a Omaha, Nebraska el clima era húmedo. Por no haber conocido la humedad esto confirmaba que ahora estaba en una tierra ajena. California, Nuevo México, Arizona y Colorado eran estados conocidos porque ellos todavía tenían calles y pueblos con nombres españoles, que refleja que una vez fueron parte de México. Por lo menos con el Sur-oeste de los Estados Unidos sentía una familiaridad. Pero Nebraska era muy diferente.

Después de estacionarnos, el cielo de repente ennegreció, me cayó una gota de lluvia y muy pronto empezaron a caer rayos sin esperarlo. Todos corríamos para no mojarnos aunque se sentía refrescante, después del calor sofocante. La lluvia se llevo la humedad, todo quedo en paz, se podían oír los pájaros y las puertas de los tráileres se abrieron poco a poquito. Empezamos a salir uno por uno.

Tony me preguntó que si podíamos ir a solas a una tienda. Lo sentía medio sospechoso y no me decía nada.

"¿Prometes no decirle a nadie?"

"No te preocupes, no le digo a nadie."

"Estas seguro."

"Te prometo."

"Me voy a comprar unos cigarrillos," se desahogo y luego le siguió, "El padre Antonio se enojaría conmigo. El manual dice que no deberíamos fumar."

Me pareció un poco cómico e inocente que Tony estaba tan preocupado de esto. Lo tranquilicé y le dije que no le iba a decir a nadie. Nos fuimos a buscar cigarrillos y me sentí como un adolescente haciendo una travesura. Como él, yo también me fumé unos cigarrillos para asegurarle que no iba a decir nada.

Después de hacer nuestra compra clandestina, nos fuimos a una cafetería que estaba abierta las 24 horas. Allí platico Tony de que iba hacer en su futuro después de que saliera del circo. Él hablaba de su novia y su banda rock. Pero de lo que más hablaba era de su 'libertad,' lo extraño era que se nos olvidaba que éramos voluntarios. Parecía que ya no existía otro mundo. ¿Nos estábamos haciendo circo sin nosotros saberlo?

"¿Tu qué vas hacer?" Me preguntó Tony.

"No sé. Lo que si se, es que después del circo siento que todo es posible."

"Así me siento yo." Me dijo.

Después de sacudirnos para que no oliéramos a humo, nos regresamos a donde estaban los tráileres del circo.

Tony se fue a su litera. Yo me encontré a Carmelo sentado solo debajo de un tejado, soplando su armónica.

"¿Me puedo sentar junto a ti?" le pregunte.

"Sí."

Me senté al lado de él y sin mirarlo escuché que trataba de tocar "Oh Susanna." Por el sonido que le salía se notaba que todavía estaba aprendiendo. Pero si le soplaba como si fuera un vaquero solitario tocando melodías para sacar la melancolía de sentirse solo en el camino. La lluvia también se empezó a escuchar lenta en el tejado. Volteé a ver a Carmelo y me hipnotizó con sus labios gruesos que se movían de un lado a otro.

"Me enseñas a tocarla."

Se la quitó de los labios, "Pon tus labios aquí y sóplale aquí," con el dedo me dijo donde le soplara. No limpié armónica. El metal todavía sostenía el calor de sus labios.

Él me la quito para enseñarme como y luego me la regresó. Sin limpiarla de su humedad, sentí que nos besábamos a través de la armónica.

En ese instante, el cielo se prendió y se ilumino. El retumbo del trueno agitó nuestros corazones. Yo paré de tocar, y me acosté en el cemento al lado de Carmelo y mire hacia el cielo. Él también se recargo en el suelo y acercamos nuestras cabezas para ver si venían más rayos.

"Me dan miedo las tormentas," le confesé.

"A mí no me asustan." Dijo Carmelo

"En México, a veces hacen peregrinaciones para ser protegidos de los rayos."

Se tranquilizó un poco la lluvia y le regresé la armónica, Carmelo y yo nos volteamos y quedamos de repente cara a cara, frente a frente—a una distancia peligrosa de besarnos. Por lo que nos enseñaba la sociedad, los dos nos quisimos retirar. Pero ninguno se atrevió a retirarse. Tampoco, ninguno de nosotros se atrevió a besar. Nos quedamos peligrosamente inmóviles.

De repente se alumbro el cielo. En menos de un segundo, lo acompañó una cascada de truenos y trompetas. Tan cerca como nuestras caras, sabíamos que la furia estaba directamente sobre nosotros. De repente, una coleada de viento iba a tumbar los árboles, los dos rápidamente nos pusimos de pie y nos fuimos corriendo, sin despedirnos. Nos escondíamos y corríamos del Edén.

Jalé la puerta trasera de la casa tráiler con fuerza porque el viento no me la dejaba cerrar. Al entrar, me quité la ropa mojada y quedé en ropa interior.

Cuando iba a pisar la cama del padre Antonio, me dijo, "La tormenta esta fuerte."

"Si padre." Me empujé hacia mi litera, todavía me sentía desorientado por el casi beso con Carmelo.

No pude dormir por los relámpagos de afuera, y los de adentro de mí. Cada vez que me quedaba dormido, una chorreada de truenos me despertaba.

Ya dormido, zumbó una sirena—así como cuando van a bombardear en una guerra mundial. El tráiler se meneaba. Antes de brincar para afuera del tráiler en calzoncillo, para buscar refugio. Logré preguntarle a padre Antonio, "¿Qué es esa alarma?"

"Parece que hay un tornado." El padre Antonio me detuvo y abrazó mi estomago. Me tocó y acarició con cuidado mi estomago muscular. Luego, él se tapo la cara con las cobijas y se volvió a dormir.

Me dejó solo.

Me tranquilicé y me volví a subir a mi cama pero me quedé en duda. No sé si al voltearse lo que quiso decir es que todo está bien o si no nos cuidaba. ¿Cómo estarían los demás voluntarios?

De vez en cuando, limpiaba la condensación de mi ventana pequeña para ver si el tráiler todavía tocaba tierra y no volaríamos hacia *Oz*. Cuando se alumbraba el cielo, rápidamente me tapaba la cabeza con la almohada para no oír los truenos y también para estar seguro de que no podía oír a la *Llorona*—buscando a sus hijos.

32

9 de Septiembre-Lincoln, NE

Seguramente Conchita no iba a llegar con uñas por los nervios de manejar el tráiler en la lluvia. A cada rato se fijaba por los espejos laterales aunque no se podía ver nada. Jenny y yo seguíamos en alerta. Aunque no habíamos dormido por la noche inquieta—no quería ser despertado por los gritos de Conchita o por un gran choque. A mí me tocaba estar en el medio.

Llegamos a la feria anual del estado de Nebraska. Había cientos de tráileres y todos en el lodo. Muy pronto entre la multitud de tráileres perdimos al padre Antonio y a Mario.

"¿Dónde se fueron? ¡Mierda! ¿No se estaban fijando? ¡Deberían de fijarse bien!" Conchita gritaba.

Jenny se puso su chamarra y sin pensar, brincó de la camioneta. Jenny corrió de una orilla para otra sin saber a dónde ir. En una de las corridas, se resbaló en el lodo. Medio desorientada vino a decirle a Conchita que no podía encontrarlos.

Conchita abrió la ventana un poco para que no se mojara y le gritó, "¿Dónde están?"

Aunque yo no tenía chamarra, decidí no quedar enjaulado con Conchita. Jenny y yo seguimos corriendo como dos payasos ejecutando una escena burlesca, resbalándonos en el lodo, empapados, y corriendo por todas direcciones sin incapaces de lograr nada.

A pesar de nuestro intento, finalmente, el padre Antonio nos encontró a nosotros. Él llegó con la persona que nos patrocinó.

"¡Tenemos que comprarte una chamarra!" me dijo el padre Antonio cuando me vio empapado.

Nos guió a donde debimos estacionarnos. Nos estacionamos al lado de un granero viejo de madera. Yo saqué los animales de sus jaulas. Los animales gritaban y chillaban porque también parecían estar asustados. Scotti no podía brincar los charcos con sus tres patas. Lo agarré con una mano y abracé a Jingles con la otra mano. Aunque yo mismo los mojaba por ya estar empapado, quise correr para que no se mojaran más con la lluvia. La tierra mojada no me dejó moverme porque mis pies se resbalaban. Me caí con Jingles y Scotti. Lo bueno era que me caí como lo hace un cirquero, como que me podía caer en cámara, lenta, sin dañar a Jingles ni a Scotti. Muy pronto recuperé mi equilibrio. Los fuí a llevar a un lugar seguro y seco.

Al día siguiente la lluvia se había quitado y nuestra función fue arriba de una plataforma de casi un metro de alto y por eso se nos hizo pesado armar el circo. También, porque era feria nos habían contratado para hacer 3 funciones separadas durante el día. Esto significó que teníamos que dejar nuestro maquillaje puesto durante todo el día—por lo menos diez horas. En los intermedios, tuvimos que escondernos para que la gente no nos viera con las caras pintadas.

Con el maquillaje puesto todo el día era imposible rascarse la nariz, y entre más uno se aguantaba a no rascarse más comezón le daba a uno. A mí me ayudaba salpicarme agua. Por ser el maquillaje de aceite, no le hacía nada el agua. Traté de acostarme escondido atrás de la cortina principal, para descansar.

Durante un intermedio, cuando me dio hambre corrí hacia el tráiler casa para hacerme un sándwich de crema de cacahuate y mermelada. Agaché la cabeza para esconderme de la muchedumbre caminando en la feria.

"¡Miren un payaso!" decían las mamás y los niños cuando me veían. Era casi imposible esconder un payaso.

Me sonreía pronto y luego me volteaba hacia la tierra. Caminaba entre la gente tratando de hacerme invisible y tratando de no pisar los charcos que habían quedado de ayer. Por solo fijarme en el suelo, de repente quedé bajo las piernas de otro payaso con zancos.

Me dió la mano de muy arriba y me dijo en el idioma de un payaso, "¿Quién eres tú?" Él tenía una nariz roja.

"Soy Enrique. Yo pertenezco al Circo Colibrí."

"¿Conociste a Leslie?" sonrió, "Ella es mi amiga. Oí que ahora es una voladora en el trapecio en un circo profesional."

"Sí, había oído de ella. Pero no la conocí." Alcé mi cabeza lo más alto para que me pudiera escuchar.

Él me dijo un poco de él y de Leslie, pero solo tuvimos unos segundos porque era imposible tener una conversación, y no por la altura de él, sino porque la gente perdía todo sus escrúpulo e interrumpían a unos completamente extraños solo porque éramos payasos. Sentí que quiso decir algo sobre Leslie y el pasado del Circo Colibrí. Pero tuve que correr y encerrarme en el tráiler para escaparme de la multitud. El payaso aunque alto, se perdió en el montón de gente. Casi lo tumbaban.

Después de las tres funciones, de guardar todo, y llegar a nuestro nuevo destino, todos estábamos cansados y nos queríamos dormir porque eran las dos de la mañana.

No se porque Conchita estaba encabronada e insistió que teníamos que cenar. Todos nos congregamos en la mesa. También, el padre Antonio estaba de mal humor por tener que cenar. Yo me enojé porque él no decía nada.

"Yo me encontré con un payaso que conocía a Leslie. Me dijo que ella estaba en un circo profesional en el trapecio."

"Que ahora está en un circo profesional en el trapecio." Me contestó Jenny.

Nadie más habló. Todos los veteranos guardaron los ojos en sus platos. Tampoco el padre Antonio dijo ni una palabra. En cambio, me encontré solo en el silencio después de que había hablado Jenny. Había pensado que todos estarían contentos de saber noticias de una voluntaria del pasado.

Esa noche antes de dormir el padre Antonio no me habló. Sentí que me estaba castigando por haber mencionado a Leslie. No había comprendido realmente porqué era tal horrible mencionarla, especialmente cuando se trataba de mujeres. Me daba cuenta que ciertos miembros del pasado no eran tema de discusión. Esa noche también empecé a conocer otra parte del padre Antonio—su tratamiento de silencio. En un día, él actuaba como si yo fuera la persona más maravillosa que existía en el mundo, y al otro día no me hablaba—como si yo no existiera.

33

Paco se estacionaba enfrente de la casa de Don Ismael después del trabajo. Paco siempre tenía una cerveza en la mano. En el asiento de la camioneta de Paco, Miguel y yo escuchábamos la música americana en su radio de 8 bandas—escuchábamos a cantantes como Johnny Cash. Nos quedábamos a escuchar la música hasta que empezara a oscurecer y los demás niños regresaban a sus casas. Sabía que era muy tarde, porque oscurecía muy tarde en los veranos de California.

De vez en cuando Paco nos hablaba de la sexualidad. En una ocasión, Paco saco un libro con mujeres encueradas. Miguel gritó y se lo quiso arrebatar a Paco.

Paco en secreto me dijo que Miguel la tenía más grande que la de él. No entendía porque Paco se la había visto.

34

10 de Septiembre-Grand Island, NE

A la mañana siguiente nos levantaron los gritos de Conchita, "¿Jenny por qué no nos levantaste? ¿Qué no pusiste tu alarma?"

"Creo que la puse mal." Jenny trato de defenderse, "La puse PM en vez de AM."

"¡Necesitas tirar lejos ese reloj!"

Conchita ahora insistió que teníamos que desayunar aunque solo habían pasado unas cuantas horas. Ya durante el desayuno, el padre Antonio se levantó y se fue a su cuarto y nos dejo solos con ella. Cuando seguía otra vez con su, "Jenny tienes que tirar tu reloj." Nosotros nos intercambiábamos risas silenciosas por su locura. La pobre Jenny tenía que aguantar la ira de Conchita.

"¡Enrique! ¿Que no tienes tu un despertador?" Conchita me gritó. Apuntó su rifle de cólera hacia mí.

La comida se me atoró, y me ahogaba.

"¡Tienes que despertarte cuarenta-cinco minutos antes de que todos se levanten!"

Era obvio que no quería aceptar la responsabilidad de que ella había cometido un error y buscaba a alguien a quien culpar.

Yo me levanté de la mesa y dije que había terminado mi desayuno. También me salí. Todos los demás se levantaron y nos salimos burlándonos.

Jenny y yo hablamos de lo ocurrido todo el día con el esfuerzo de minimizarlo. Jenny me había dicho que Conchita le había dado $10 para que se comprara un reloj nuevo. Jenny se negaba a tirar su reloj porque se lo había regalado su papá. El dinero lo íbamos a usar para comprar *Sundaes* con Tony.

Hoy también tendríamos tres funciones en un día. Ahora, estábamos en un festival anual de alemanes. Esto significaba otro día con 10 horas de maquillaje.

La primera función fue muy buena para mí. Pude ver por más tiempo los ojos de una niña que se hacían grandes cuando veía mis sogas mágicas. Al final, le sonreí solo a ella. Cuando terminé y corrí hacia atrás de la cortina principal del circo, me salió una lágrima de alegría. Aunque había tenido una buena ejecución, el padre Antonio todavía no me hablaba.

En la segunda función, se me cayó un aro y el padre Antonio me dió una mala mirada. Creo que eso hizo que me resbalara también del monociclo, su mirada se me había quedado marcada.

Al final de la segunda función, el padre Antonio le dijo al público que "Por favor pensara en la paz"—algo que siempre decía al final. Ese instante lo encontré algo irónico. Nosotros no teníamos paz en el circo. Sonreí al público cuando el padre Antonio bajo el sombrero de donación.

Se me había hecho pesado la segunda función. Mi cara ya no aguantaba la comezón. Me quería rascar la nariz. Me fui en busca de un baño por la desesperación.

Al salir sentí el olor de las palomitas de maíz y *bratwurst*. También, escuché los sonidos del acordeón y el *um-papa um-papa* del tamborazo alemán, que parecía como la Zacatecana. Otra vez en el carnaval me trataba de esconder de la gente. Cuando llegué al baño, estaba contento de que estaba solo en el baño. Me fui al fregadero y me salpiqué agua en la cara con el esfuerzo que esto quitara la comezón.

Me enderecé y me asusté verme en el espejo—me veía como un triste y desilusionado payaso con un título universitario, que había dejado todo para este ministerio. Deseaba entender cuál era el propósito de todo lo que pasaba. Quería llorar, pero en vez de eso tomé una gran respiración. Le recé a todos los Dioses. Trate de llenar mis reservas porque todavía nos faltaba otra función.

35

13 de Septiembre-Omaha, NE

Nuestra siguiente parada fué en la Universidad de San Sebastian. En esta universidad tuvimos que mover todo el equipo casi 300 metros porque no podían entrar los tráileres a donde sería la función. Tuvimos que empujar todo en un pasillo de cemento desnivelado y de ladrillo. El tráiler del equipo del circo tenía cajas grandes de madera que guardaban todo el equipo del circo, como los cordones de electricidad, la cortina principal, y el alambre en el cual Mario caminaba. También, en este tráiler se guardaba lo que usábamos en la función del circo. El único equipo del circo que yo guardaba personalmente eran mis sogas mágicas.

El trabajo era pesado, pero conocíamos muy bien el dicho que nos inculcaba el padre Antonio que pase lo que pase "¡El espectáculo debe continuar!" Nos había puesto esta semilla de determinación en la mente después de enseñarnos la película El Mayor Espectáculo del Mundo, ganadora de dos Oscar, uno de ellos en la categoría de Mejor película en 1952. Podríamos tener la función en cualquier parte, no importaba la situación. Nada era imposible. Quizás, el no ser vencidos era el concepto principal de lo que aprendíamos en nuestra misión. Lo bueno era que yo ya había tenido práctica por trabajar duro desde niño y por eso rápido me adaptaba. El trabajo del circo no era más difícil, ni se comparaba a lo que yo había hecho de niño.

Al armar el circo, muchos estudiantes nos preguntaban que estábamos haciendo. Esto me recordaba cuando yo primeramente había visto el circo. El trabajo se me hacia menos pesado porque me alegraba platicar con ellos.

El padre Antonio me dijo que donde estábamos era su universidad favorita Sebastianista y que conocía a muchas personas. Este día él parecía estar contento.

Jenny y Tony empezaban la función haciendo malabares con los pies. Jenny malabareaba una llanta. Tony movía un tubo de plástico como de un metro y 30 centímetros de grueso. Los dos tenían un respaldo para sostener los pies arriba mientras cada uno malabareaba.

Durante este espectáculo, a Tony se le resbaló su tubo. Para que no le pegara a alguien, él trató de agarrar del tubo con su mano. Él se cortó con la orilla filosa del tubo. Tony siguió con la función para que la audiencia no se diera cuenta de lo ocurrido. Al terminar, corrió hacia atrás de la cortina principal. Empezando a saltar de dolor. Jenny y yo corrimos a buscar la caja de primeros auxilios al darnos cuenta de lo que había pasado.

El padre Antonio se enojó con Tony por habérsele caído el tubo. Nosotros sabíamos que las lesiones eran una gran amenaza para un circo.

Después de vendarlo, no parecía ser algo grave, Jenny y yo le dimos apoyo moral. No sé si este apoyo, causó que Tony empezara a llorar. Yo me di cuenta que no lloraba por la cortadura sino porque el circo era muy pesado para él. Él apenas había terminado la secundaria. Tony estaba a miles de kilómetros fuera de su hogar, extrañaba a sus amigos, a su familia, y por supuesto a su novia. Se sentía lejos y no se podía comunicar con el mundo fuera del circo. No tenía suficiente dinero para hacer una llamada. No quería decir que le iba mal y que no podía con esta misión. Tony estaba perdiendo el concepto de cómo era su vida antes del circo. El trabajo era duro, y no importaba cuanto Tony hacia—nunca iba a darle gusto al padre Antonio. El padre Antonio lo ignoraba, así como ahora después de cortarse. El circo parecía no darle nada, aunque requería que Tony se entregara por completo. Entregarse uno completamente, sacrificarse. ¿Eso era servir a Dios?

Yo sabía que Tony no iba a durar mucho en el circo. Jenny y yo nos turnamos a cuidarlo. Él seguía llorando. Por supuesto, Tony lloró solo hasta que tenía que salir de nuevo a su siguiente espectáculo.

Al desarmar el circo, un grupo de muchachas casi se colgaban de las ventanas de sus dormitorios del séptimo piso. Ellas nos chiflaban a Tony y a mí. Los dos nos reíamos y esto hizo que se contentara.

Shannon fue mi primera admiradora que tuve en el circo. Yo le señalaba que bajara porque para mí era imposible irme de mis responsabilidades. Cuando ella bajó, rápidamente intercambiamos direcciones, aunque notábamos que los veteranos me hacían gestos. Lo hice creo que adrede, sin importarme que pensarían al respecto.

Shannon parecía tener una ascendencia mediterránea. Tenía facciones morenas y femeninas, tenia pelo largo, y aunque muy negro era sedoso.

"Que suerte tienes." Me dijo Tony, ya que él no quiso darle atención a nadie para respetar a su novia.

Cuando finalmente terminamos todos, me fui a levantar al padre Antonio, "Ya terminamos padre."

"Te vi que tienes admiradoras. Eres muy atractivo."

"No, no es cierto." Le dije un poco avergonzado. Sentí calor en mis mejillas.

"Si eres muy guapo. George me dijo lo mismo. Él me dijo que había hecho una buena selección en el circo este año."

No supe que contestarle. Una, porque aunque le quería creer, en el fondo no creía que era guapo. Y otra, porque me seguía sintiendo más y más traicionado por todo lo que George le había dicho. Pero lo que me dolía más, era que el padre Antonio me había seleccionado solo por la atracción que sentía hacia mí y no por mis habilidades o por el entusiasmo que yo había tenido al hacer esta misión.

Esta noche, a mi me tocaba lavar los trastes. Aunque cansado, se me hizo fácil lavarlos porque Carmelo me acompañó.

Cuando nos oyó platicar a los dos, el padre Antonio salió de la puerta conectada a la cocina y dijo, "Esta es la parte más atractiva de Enrique" me levanto la camisa, "¿A poco no, Carmelo?"

"Si, padre." Contestó Carmelo.

Me retiré del padre Antonio, y asimilé que no era cierto. Me avergoncé y me alegré al mismo tiempo. Era la primera vez que había oído a Carmelo decir algo sobre mi cuerpo, aunque fuese a través del padre Antonio. Sin embargo, me di cuenta que quizás solo fue influenciado por el padre Antonio. Nadie lo contradecía.

El padre Antonio con una risita, se volvió a meter al cuarto y cerró la puerta. En un instante, él abrió la puerta un poquito. Al hacer esto, Carmelo empezó a gritar. Él brincó hacia al padre Antonio queriendo arrebatarle la revista de hombres encuerados que le había mostrado.

No podía creer lo que había pasado, yo seguí lavando los trastes.

Carmelo no fue capaz de agarrarla porque el padre Antonio rápido cerró la puerta. Carmelo no se atrevió a darle vuelta a la chapa porque nadie entraba a nuestro cuarto.

Cuando limpié el fregador después de terminar de lavar los trastes, Carmelo y yo nos fuimos a caminar un poquito. No hablamos de lo ocurrido.

Ya más noche al acostarme, oí un ruido debajo de mi almohada. Muy rápido trate de averiguar que era. Al adaptar mi vista, vi que era la revista.

Apresuradamente latió mi corazón. Sentí una mezcla de emociones pero no podía descifrar cual era—asustado, confundido, o excitado. Rápidamente puse la revista debajo de mi almohada sin verla. Otra vez oí la risita debajo de mí cama.

Además de ser un sacerdote y el director de este circo, ¿Quién era la persona debajo de mí?

Y lo más importante, ¿Quién era yo?

36

Paco nos enseñaba más y más revistas de mujeres encueradas.

Un día salimos a comprar dulces a la tienda. Al regreso, yo quedé en el medio de Miguel y Paco en la camioneta. La cabeza de Miguel como siempre estaba metida en la bolsa buscando un dulce.

Mientras manejaba, Paco se desabrocho el cierre y me dijo, "Chúpamela."

"¡Guácala!" reaccioné cuando lo vi sacársela.

"Miguel chúpamela."

Miguel dejó la bolsa de dulces y se cruzó frente de mí. Se la chupo como si nada.

A mí Paco no me atraía nada.

37

14 de Septiembre-Omaha, NE

La temperatura bajaba rápido con cada día que pasaba. Ahora mis manos y pies se me entumían. Verdaderamente no esperaba este cambio de temperatura tan brusca. Todavía no tenía una chamarra. Lo único que parecía familiar en estas tierras desconocidas era el maíz. Se me hacia tan extraño que aquí en el Medio-oeste de los Estados Unidos estaba como en el medio del mar de estos campos de maíz. Este maíz ya estaba genéticamente modificado.

Rápidamente les di de comer a los animales para no exponerlos al frío, especialmente a los changos y a los loros porque ellos se podían morir. El padre Antonio me enseño a prender los calentones de querosén para los animales. Ya prendidos me quedé chiqueando a los animales. Quería estar seguro que no se fundieran los calentones. También, quería sentir un poquito de calor.

Ya cuando mis dedos se me descongelaron, recordé que me faltaba lavar los trajes para la función mañana.

Rápido salí del área de los animales para preguntarle a la persona que era nuestro patrocinador que lejos estaba una lavandería. Tenía la esperanza que quizás ellos tenían una lavadora y secadora de ropa disponible. Me dijo que no estaba seguro, pero que pensaba que quedaba lejos. Conchita se enojó porque pregunté y ella no me quería llevar.

Yo también me enojé y a propósito no iba a ir a la cena. Yo me fui como un vagabundo con mi morral de ropa a buscar una lavandería en el frío de la noche de Omaha. Yo sería la primera persona que no se iba a presentar a la cena. Tenía que escoger mi veneno, me gritarían por no estar en la cena o por no tener trajes en la función. Escogí la lavandería para que la función siguiera. Mi deter-minación hacia la función crecía.

Caminé hacia una avenida grande, donde desafortuna-damente solo se veían casas. Yo buscaba áreas comerciales. Porque me veía raro con un morral grande detrás de mí, un policía pasaba despacito cerca de mí. Nunca paraban para preguntarme quien era yo y que hacía. Creo que les parecía un extraño—vigilaban a un Mexicano desubicado con mejillas rojas. A lo único que le tenía miedo era a que todo iba a estar cerrado, determinado seguía caminando.

Después de 40 cuadras, en una luz de neón roja se anunció en grande una lavandería abierta las 24 horas. Les agradecí a todos los santos y Dioses. Por eso, al entrar, sentí el calor y el olor de ropa secándose. Muy pronto puse la ropa en las lavadoras para no tardarme. Seleccioné que se lavaran en el tiempo menos posible. Yo casi solo quería untar todo con un poquito de jabón, remojarlas y secarlas. Pero esperé a que las maquinas hiciera su trabajo.

Calculé cuánto dinero me iba a sobrar para que se secara bien la ropa—no quería llegar con ropa tiesa. Con el dinero que me sobraba, me fui a una licorería y me compre unos dulces por no haber tenido cena.

Al desenvolver los dulces, ya afuera en la banqueta, me fijé que los carros pasaban lentamente cerca de mí. Pero esta vez no eran policías. Me volteé y seguí caminando hacia la lavandería, cuando me fijé que otro hombre en su carro hacía lo mismo.

Rápidamente investigué donde estaba. Me fijé que al lado de la lavandería había una librería de adultos. Me sentí como un pedazo de carne sangrando en el medio de un mar de tiburones. Me asusté y pronto me metí a la lavandería.

Ya con la ropa seca y doblada, abrí la puerta hacia lo que me esperaba—tener que caminar 40 cuadras. El golpe de frío fue más fuerte de lo que me esperaba. Ya pasaban de las doce de la noche. La ropa cabía mejor en el morral, ya no estaba toda chamuscada y enredada. También, me daba calor en la espalda. Estaba contento de lo que había logrado y que en la función todos tendríamos ropa limpia.

Cuando tuve que pasar por el estacionamiento de la tienda de libros de adultos, un chico me preguntó, "¿Quieres un cigarrillo?"

"No fumo." Le dije sin verlo.

"Quieres un aventón."

"¡Si, seguro!" Le dije haciendo saber que ni lo pensara. Aunque si quería un aventón y le pagaría cualquier cosa para estar calientito en mi cama.

"No te voy a robar," se rió.

"No, gracias." Pensé en todo lo que podía pasar.

"¿Estás seguro?" Me pregunto de nuevo. Al verme caminar con el morral.

El chico no se veía malo. "Bueno." Le dije.

"Pon tus cosas aquí en el carro. Hay que entrar aquí primero."

Metí la ropa en su carro. Consciente de que quizás, aunque no me robara a mí, me iba a robar toda la ropa. En este momento me preocupaba más la ropa que yo.

Abriéndome la puerta, yo lo seguí a la tienda. En todo el lugar había de todo tipo de revistas pornográficas. Lo único que podía hacer para no verlas directamente era fijarme en el suelo.

"Cuántos años tienes" me pregunto el dueño, "tienes que tener 18 años." Yo siempre aparentaba ser más joven.

Le enseñé mi licencia y otros hombres se fijaron en mí. Yo rápidamente me apegué al chico. No me quería apartar de él.

Aunque se anunciaba "¡Solo una persona!," lo seguí a una casilla donde solo cabía una persona. Apretados en la casilla él sacó un rollo de pesetas. Cada minuto él tenía que ponerle una moneda porque se cortara la película. En menos de tres minutos, yo me sentí con claustrofobia.

"¿Nos podemos salir? No me siento a gusto." Le pedí.

"No creo que estés acostumbrado." Me respondió con una voz cariñosa.

Tenía miedo, pensaba que si yo era *gay*, esto era a lo que yo me tenía que acostumbrar. Pero eso no me importaba ahora, porque estaba contento de que él me escuchó.

"Vámonos de aquí. ¿Dónde vives?" Me preguntó.

"Estoy en un circo y estamos estacionamos a unas 40 cuadras de aquí."

"¿De verdad?"

"Sí."

"Quieres platicar más."Me dijo antes de llegar a donde estaba el circo.

"Bueno." Le dije cuando veía el circo cerca y que no nos iba a robar.

Se estacionó frente de una zona residencial. Esta vez me pude fijar un poco más en su carro, porque solo me había fijado en como saltar del carro si él me hacía algo. Me fijé que había un osito de peluche en el asiento de atrás. No sabía si era casado y si hacía esto a escondidas. No le quise preguntar.

Hubo un silencio raro, y por eso creo que los dos hablamos del clima, "Que frío está haciendo."

"¿De dónde eres?" me preguntó.

"De California, pero originalmente de México."

"¿Que estás haciendo tan lejos?"

"Te digo que estoy con un circo."

"¿De verdad?" todavía no me creía. Luego me dijo, "Eres guapo."

No sé porque pero esta vez sí le creí. Él comenzó a tocarme y empezó a desabotonar mi camisa. Realmente él también era muy guapo. Tenía como 25 años con pelo rubio, y ojos azules. Tenía una cara tierna y su voz se sentía cariñosa. Parecía ser uno de eso muchachos de la escuela que eran guapos, que podían ser creídos, pero no lo eran.

Cuando se desabrochó los pantalones me pregunto que si le podía tocar sus huevos y lamérselos. Que no quería que se la chupara. Pienso que para él esto significaría que no estaba teniendo sexo con alguien. Que él no era *gay*.

De cierto modo estaba alegre que también él se sentía incomodo, como yo, y tenía sus límites. Yo, un poco torpe, con el volante entre sus piernas, metí la cabeza por debajo muy cerca de los pedales. Me sentía desconectado porque yo quería que él fuera Carmelo. No me orientaba espacial-mente dónde estaba y me quedé atorado debajo del volante.

Poco después, cuando nos íbamos a despedir, agarré mi morral y antes de cerrar la puerta me dijo, "No te creó que estés en el circo." Me dijo bromeando.

"Porque no vienes a la función mañana al medio día." Le dije jugando y le di las gracias por el aventón. Corrí hacia la puerta trasera del tráiler.

Antes de abrir la puerta, me concentré un poco para volver a mi realidad.

"¿Dónde estabas, por qué no fuiste a la cena?" muy pronto me preguntó al cerrar la puerta.

Yo le contesté por instinto, "Tuve que lavar los trajes y me encontré a un chico guapo. Tuvimos sexo."

El padre Antonio se río.

En ese instante supe cual era su punto ciego. Con el sexo yo sería intocable.

Ya arriba en mi cama, me encontré otra revista pornográfica. Yo intenté no pensar mucho en lo ocurrido, quería descansar y estar listo para la función del día siguiente.

38

Miguel y yo no hacíamos nada entre nosotros sexualmente. Los dos nos respetábamos. No sé si esto era porque no queríamos repetir lo que nos estaba pasando. De vez en cuando solo nos tocábamos, nos acariciábamos, o teníamos un poco de contacto físico. Nunca lo hacíamos cuando la teníamos parada.

Tampoco yo sabía si a Miguel le gustaba lo que estaba haciendo. A veces pensaba que él podría ser *gay*, pero otras veces no. Por eso no sabía si yo le atraía a Miguel. Para mí, saber esto era lo más importante porque yo sí me sentía atraído por él.

Yo quede más confundido un día cuando un grupo de campesinos estaban sentados, descansaban. Todos ellos estaban tomando cerveza. Miguel ya de doce años, empezó a bailar, dándose vueltas con las manos abiertas adentro del círculo de estos hombres. En unas de esas vueltas, él se arrimó a Paco y a propósito le tocó la verga por encima de los pantalones. Todo lo vieron hacer esto. Se armó un escándalo y todos reprocharon a Miguel.

"Es Joto. ¡Le gusta la verga!" Todos le gritaron.

Así como yo por dentro, Miguel quedo asustado y avergonzado.

Yo no supe porque Miguel hizo esto. ¿Era porque de verdad era *gay*, o si él inconscientemente trataba de mostrar lo que le estaba pasando? Solo que nadie lo entendió.

Lo que nadie entendía era que esto creaba a dos mundos internos. Lo que decían en público y lo que hacían a escondidas no conjugaba. Esto creaba patologías, y por ello surgirían diferentes personalidades que no podían existir al mismo tiempo. Dañando a niños sobre su sexualidad—confundiéndolos.

39

15 de Septiembre-Ralston, NE

En la mañana me levantó el ruido de ollas y cacerolas pegando fuerte. Se sentía la tensión a través de la puerta que nos separaba de la cocina. Conchita estaba preparándose para regañarme por no estar en la cena la noche anterior. Parecía que no habían dormido toda la noche pensando en cómo me iba a regañar.

Yo no quise entrar por la puerta pegada a la cocina. Me salí por detrás y entré por enfrente donde ya estaba la mesa puesta para el almuerzo. Todos tenían la cara fija a la mesa. Nadie de los voluntarios se animaba a ver mi cara.

Me senté y esperé a que Conchita viniera por el pasillo. El padre Antonio fue el primero que entró. Atrás de él, Conchita, con una cazuela con huevos revueltos como a mí no me gustaban, con cebolla.

Me dirigió su mirada, se veía que Conchita no había dormido toda la noche practicando todo lo que me iba decir. Todos detuvimos nuestra respiración.

"¡Enrique!" el padre Antonio interrumpió.

Conchita sonrío porque ella iba a seguir la diatriba después de él.

"Sí, padre." Dócilmente le contesté.

"Supongo que finalmente encontraste una lavandería. Yo se que hiciste un gran esfuerzo."

"Tuve que caminar cuarenta cuadras en el frío. Llegué como a la una de la madrugada."

"Gracias por lavarnos la ropa y no haber comido. Te lo agradecemos."

La cara de Conchita se desinflo como un globo. En ese instante la tensión en la mesa desapareció.

Todo el día, me apegué con el padre Antonio porque no quería que se me acercara Conchita. Sabía que todavía ella no se había desahogado por no haber dormido toda la noche.

Durante el día al padre Antonio, le contaba pedacitos de lo que me había pasado en mi encuentro sexual la noche anterior—los presentaba como bocadillos deliciosos. Yo tenía riendo al padre todo el día. Me sentí que contaba <u>Las Mil y Una Noches</u>, contándole cuentos para que yo pudiera sobrevivir.

Todo mi mundo ya se estaba convirtiendo en este pequeño circo. Lo de afuera ya poco existía, pero ni me importaba porque en este minúsculo universo existía Carmelo. Yo fantaseaba que algún día estaríamos juntos.

40

El siguiente verano me dijo Miguel que él tenía una novia en Los Ángeles. Ya no iba a venir de visita los veranos. Entristecí.

41

19 de Septiembre-Storm Lake, IA

Terminamos nuestras funciones en Nebraska, y luego nos pasamos al estado de Iowa. Yo me sentía más y más cómodo en la función. Los ojos del público ya no me asustaban. Ahora, hasta un poco podía enfocarme en ellos y sentía que hasta los seducía. Así como yo quería ganarme el público, sentí que me había ganado por completo al padre Antonio después de compartir lo que me pasaba sexualmente en el circo. También, me estaba acercando más a los voluntarios. Ya habían pasado alrededor de 20 funciones desde que habíamos salido del noviciado. Sentía que era un buen misionero, y que me preocupaba por el bien del circo.

Al acercarnos a nuestro próximo destino en Iowa, unos vientos que parecían que se iban a convertir en tornados agitaban los tráileres—se movían y se sentía como si fueran a voltearse. Este peligro, de tener la muerte tan cerca, me daba una sensación de romanticismo de que nosotros de todos modos hacíamos nuestra misión.

Por estar tan al norte de los Estados Unidos, pudimos ver las auroras boreales, las luces norteñas del ártico. Nunca había visto algo en el cielo como esto. Cuando manejábamos, nadie en la camioneta decía nada, no sé si era por lo cansado o si porque pensábamos que estábamos alucinando. Solo lo admirábamos.

"Pensé que la virgen María se iba aparecer en el cielo." Fue lo primero que dijo el padre Antonio cuando llegamos a Storm Lake, Iowa.

"Yo no estaba seguro si estaba alucinando, por eso no dije nada." Contesté. Todos los demás platicaron de sus experiencias de las luces norteñas.

Nos estacionamos cerca de un lago que parecía mar porque el viento creaba pequeñas olas. Al cuidar a los animales, esta vez les di más de atención. Por primera vez limpié todos los desperdicios de sus jaulas, para que tuvieran un lugar limpio en el cual vivir. Me había fijado que con tiempo todo empezaba a oler a amoníaco. Cubrí mi nariz para poder limpiar con una pala la jaula del caballo. Creo que me di cuenta la razón por la cual al caballo no le había gustado meterse a su jaula. También, saqué todo el periódico viejo y les puse nuevas noticias a las palomas, loros, y al conejo.

Los que me daban miedo limpiar eran los monos y por eso me esperé hasta el final. Para limpiar a Heidi, fue muy simple, porque ella me ignoró como de costumbre. La jaula era como del tamaño de una persona de alto y como de un metro cuadrado. Toda la jaula era construida de madera, y pintada de un gris oscuro. Solo enfrente había una reja de alambre de cuadritos chiquitos—suficiente solo para que pudieran sacar un dedito en cada hoyito. La malla era como de un metro por un medio metro cuadrado. Solo de aquí ellos podían ver lo que pasaba afuera de su jaula. De ese lado, se abría la puerta para sacar a los monos. Nunca me atrevía a abrir la jaula. El cuerpo negro de estos monos araña, solo eran como de medio metro, pero sus extremidades largas los hacían parecer que eran enormes. La cola también parecía ser como una extremidad importante así como los brazos y las piernas. En la jaula, me fijé que de abajo se podía abrir una raja de madera como de 5 centímetros de alta a lo largo de la jaula. De aquí se podía limpiar la jaula, sin tener que abrir la puerta principal. Cuando limpié la jaula de Heidi, ella solo se colgó de arriba, mientras yo sacaba lo que había abajo. Ella se negó a darme cualquier afecto, o por lo menos recibir uno. Solo pegaba un chillido si la tocaba y como que no le tenía nada de confianza a nadie. Yo le había preguntado al padre Antonio sobre ella, él me había dicho que ella cambió después de que el oso le había mordido un pedazo de su cola. De vez en cuando, a escondidas le daba un pedacito de dulce de algodón rosita. Ella se me arrimaba sacando su lengüita entre los cuadritos para que le pusiera el dulce.

En cambio, Jojo, estaba lleno de afecto. Él no sabía cómo controlar sus sentimientos y por eso me daba miedo. Al estar contento o enojado maneaba toda su jaula. Se agarraba de los dos lados de la jaula y la agitaba. También, a él me lo había ganado dándole golosinas. Pero yo a él, no le tenía confianza.

Me senté y con mucho cuidado abrí lo de abajo para limpiar su jaula. Al momento que le abrí, inmediatamente saco sus manos. No podía sacar su cabeza porque no cabía. Sentía que se quería salir, o por lo menos agarrarse de lo que pudiera afuera. Agarré el palo que use para sacar todo lo que era desperdicio. Con cuidado de no lastimarlo, sacaba lo que podía. Pero él no me dejaba hacer mi trabajo. Él quería estar bien metido en lo que yo hacía. Me agarraba el palo y me lo jalaba. Yo le hablaba bonito. Luego, él sacaba las manos hacia mí. Se agarró de mi pierna y no me soltaba. No me importó porque su cara quedaba debajo de la jaula. Esto lo distrajo algo, yo rápido pude limpiar su jaula.

Al terminar de limpiar su jaula, Jojo seguía agarrado de mi pierna. Había ya metido la mano por debajo de mis pantalones y encontró mi calcetín. Sus manitas prietas, aunque deberían de ser calorosas por ser mamífero, las sentía un poco frías. Con cuidado bajo mi calcetín y me dio cosquillas. Me quise apartar de él, pero no me dejaba y lo dejé jugar. Cuando por fin él sintió que yo tenía vellos, pegó un grito raro. ¿Quizás sintió que había encontrado a un muy distante pariente? Con sus manitas, me espulgaba. Mientras él hacia esto, y yo sentado, distrayéndolo rompía periódico metiéndolo por debajo de su jaula. También, le metía comida fresca.

Después de un rato largo que disque buscaba pulgas Jojo, traté de despegármelo. Le abría sus dedos negros arrugadillos para desatármelo de mi pierna. Al hacer esto, él rápido se agarraba más fuerte de mi tobillo y veía que sacaba los colmillos. Me jalaba hacia él. Entre más yo trataba de quitármelo, él pegaba de chillidos y meneaba toda la jaula.

Sabía que no me lo iba a poder quitar. Mi tobillo ya tocaba su colmillo. No me había dado cuenta de la fuerza que tenían. Me tranquilicé para tratar de calmar a Jojo. Que no lo iba a dejar. Lo quise convencer con comida pero por nada dejaba mi pierna.

Yo repetía en mi mente, "No te asustes. No dejes que se dé cuenta Jojo que le tienes miedo." Mientras a él yo le repetía en bonito, "Que bonito Jojo."

"¿Está todo bien?" el padre Antonio vino a ver qué estaba haciendo por tanto rato con los animales.

"Si, estoy limpiando la jaula de Jojo."

"Mejor me voy para que Jojo no se enoje."

Sin decirle nada le agradecí al padre Antonio.

Jojo se tranquilizo viendo que no me iba y no trataba de luchar contra él.

En un instante, oí a Jenny afuera.

"Jenny" le grité varias veces para que me pudiera oír por afuera del tráiler de los animales.

"¿Estás bien?" Abrió con cuidado el tráiler. Sabía que no se le permitía meterse con los animales.

"Me puedes agarrar dulce de algodón rápido y con cuidado." Le dije en una voz desesperada.

En un instante me lo trajo sin que nadie se diera cuenta, ni siquiera Jojo.

A Jojo le mostré el dulce de algodón. Le detuve un cachito por arriba de su jaula entre uno de los hoyitos alambrados. Rápidamente, soltó mi pie y se subió. Con la otra mano, rápido cerré la abertura de abajo.

Me levanté para ver como con su lengüita se derretía la azúcar en agua de color rosita. Me di cuenta que con el dulce era muy fácil convencerlo. Yo le acariciaba los deditos negros de Jojo que le salían por otros hoyitos. Duré un tiempo antes de despedirme de él.

"¿Quieres una ginebra y tónico?" me preguntó el padre Antonio cuando regresé al cuarto.

"No, se me hace muy amargo" le contesté.

"No está." Me dijo, "Prueba la mía."

"¡Guácala!" le respondí cuando le di una probadita.

"Estas exagerando." Levantó su periódico de nuevo y siguió escuchando Pavarotti.

Yo subí a mi litera y empecé a escribir todo lo que me había pasado con Jojo. Escribía lo que me pasaba porque ya no distinguía los días y ya no me acordada muy bien lo que pasaba de un día para otro.

"¿Qué tanto escribes?" me dijo el padre Antonio cuando terminó su periódico. Luego, me arrebató mi cuaderno y leyó, "A veces odio que conocí a Gary porque por él estoy aquí...."

"¡Démelo!" Yo salté de mi litera y se lo quité.

"¿Con que no te gusta estar aquí?" Me aclaró el padre Antonio.

"Eso fue hace mucho tiempo, cuando apenas había llegado..."

"Bueno." me dijo con una voz sospechosa.

"Si, de verdad. Lo que leyó, lo leyó fuera de contexto." Avergonzado le expliqué.

"La cena ya esta lista." Se oyó el grito de Conchita a través de la puerta que nos separaba de los demás. Abrí la puerta y salí del cuarto.

Durante la cena, el Padre Antonio como ya se había acostumbrado sosteniendo la corte como si fuera el rey y nos habló de su visión de cómo iba el circo. Esa noche particularmente hablo de cómo yo cuidaba los animales y con qué rapidez los animales se habían acostumbrado a mí.

"Siempre he deseado tener gatos en el circo. Leones o tigres. Ha sido un sueño mío tener leones o tigres. Enrique seria excelente para cuidarlos. Yo le compraría cachorros y solo él se encargaría de ellos—educarlos y entrenarlos. Serian de él."

No podía creer lo que me decía. Todos se admiraban por las visiones que tenía el padre Antonio para el circo. ¿Esto quería decir que ya *era* circo? Que finalmente pertenecía a algo.

Me alegré porque por mi mente pasaron todas las posibilidades de cuidar a esos cachorros. Lo que más me interesaba era que Carmelo por fin me pudiera ver como parte del circo, porque a él le importaba muchísimo el circo. De cierta forma sentí que el padre Antonio sabía muy bien cómo seducirme.

"Me sorprendió que el padre Antonio te quiere comprar gatos." Me dijo Carmelo después de la cena, a solas, con una voz tratando de oírse entusiasmado y cubriendo que estaba herido. "Cuando lo dijo, sabía que era en serio." Dijo Carmelo como que todavía no se lo podía creer.

"Tampoco, yo no me lo pude creer. Vamos a caminar al lago."

"Si," contestó Carmelo, pero todavía enredado en sus pensamientos de porque no había sido él. Él siempre le había puesto tanto esfuerzo al circo y el padre Antonio no le hacia caso.

Los dos llegamos a una parte donde había un banco en el lago. Me quité los zapatos y los calcetines. Metí los pies en al agua fría que un poco antes habían tenido miedo de ser mordidos por Jojo. Al verme, también Carmelo se quito los zapatos y metió los pies. Pero muy pronto por el frío, nos pusimos los calcetines para volvernos a calentar los pies. Él se sentó en la banca y yo me quede abajo cerca de la orilla del lago.

Carmelo me veía intensamente y me dijo, "No lo puedo creer que vamos a tener tigres."

"¿De verdad, crees?"

"Sí," me dijo, "Yo lo vi cuando estaba entusiasmado con Jack en el trapecio el año anterior. Cada año parece que se apega a alguien y pone toda su energía en esa persona. Pienso que tú eres el elegido este año. El año pasado fue Gary."

"Será porque es mi primer año y solo quiere buscar mis cualidades para el circo. ¿Alguna vez se enfoco en ti?"

Carmelo me miró y no me lo quería decir, se detuvo por unos segundos y lo sentía distante. No sé por qué, pero por fin le salió sin llorar, "No, el padre Antonio nunca me ha puesto ninguna atención. Siempre lo hace a todos los de alrededor de mí. El padre Antonio siempre habla de quien es atractivo y quién no. El año anterior era todo sobre Gary y ahora este año todo lo que oímos es que tan atractivo eres tú..."

Yo lo seguí escuchando. Carmelo ya no se pudo detener todo lo que tenia adentro y estaba enojado.

"Yo hago todo lo que puedo, pero al padre Antonio a mis esfuerzos nunca les da importancia. Siempre el padre Antonio pone su atención sobre otra persona y parece que se aprovechan de su situación." Carmelo le siguió.

Después de dejarlo que se desahogara y que se enojara, le contesté, "¡Es injusto! Yo sé cuanto esfuerzo le pones al circo. ¡El que ama más el circo eres tú!"

Carmelo solo me sonrío.

"Vas a ver que yo no me voy aprovechar de mi situación." Le dije pensando que podía cambiar nuestro pequeño mundo. Los dos nos levantamos para regresarnos.

"¿Dónde estabas?" casi me ladró el padre Antonio cuando entré al cuarto.

"Estaba platicando con Carmelo," le dije y para cambiar la conversación rápido porque lo sentí enojado, "Que frío está haciendo."

"Te hice una ginebra y tónico, aquí te la cuidé. Te ayudará a calentarte." Me dio un vaso con la humedad ya formada en el vidrio. Solo quedaban unas lanchitas de hielo flotando en la mezcla de la bebida ya aguada.

"Gracias." Le contesté y me lo tomé aunque no me gustaba

"Me preocupó por ti. Tengo miedo que te vayas a ir del circo."

"Por qué piensa eso, por lo menos voy a terminar el año. Yo le di mi palabra cuando me aceptó en el circo. ¿Qué paso con lo de los tigres?"

"Es que te pareces a George. Él se fue después de la Navidad y lo tuvieron que hospitalizar."

"¿Por qué?"

"Todo fue complicado. Cuando George vino al circo, él era heterosexual, tenia novia y todo. Todo era un enredo cuando me llamó después del descanso y me dijo que le dio un ataque de nervios. Él era muy sensible. Que su cuerpo ya no podía con el circo."

Yo lo escuchaba sin decirle nada.

"Su cuerpo era tan bello, así como el tuyo. ¡Y la tenia grande! Él siempre se reía cuando lo rozaba. Como que le gustaba." El padre Antonio decía esto mientras se reía y demostraba como lo manoseaba.

"Creo que me gusta Carmelo." Le confesé al padre Antonio.

"Él no me importa nada." Hizo un gesto, y lo dijo como que si no fuera nada.

"¿Por qué no? ¡Yo veo que usted no le hace caso!" Le dije firmemente.

"Aunque tiene un cuerpo bello. Muy rápido se me pasó."

"A mí me cae bien."

"Si yo fuera tú, no gastaría mi tiempo." Dijo cuando se tomó lo que le sobraba de su bebida.

Estaba enojado. Carmelo había dedicado al circo del padre Antonio un segundo año y eso no contaba nada. ¿Todo era solo sobre sexo? ¿Lo demás no importaba? Y que de las mujeres. Levanté mi bebida y le di vuelta a los hielos ya casi desaparecidos. Me tome todo. Quizás el poco tiempo que tardara en tomarme la bebida se me viniera algo que responderle al padre Antonio. Pero solo me dio escalofrío.

"¿Qué hiciste con George?" me preguntó.

"No tanto, en verdad." Le contesté.

"George era heterosexual cuando vino al circo. Por lo menos eso es lo que él pensaba pero cambio después de que yo se la chupé." Se empezó a burlar de nuevo, "Supongo que soy muy bueno. ¿Quieres que te la chupe?"

"No." Me sentí incómodo y me retiré un poco.

"No hay nada malo con el sexo. No sé porqué los mexicanos lo hacen tan grande. Todos son tan católicos. Sexualidad es como uno se une a Dios. Él lo creo. ¿Qué no?"

"¿Creo que si?" Pensaba en Carmelo, pero no lo entendía todo, "¿Solo qué...?"

"¿Qué?" me preguntó.

"No nada."

"¿Qué?" insistió otra vez pero esta vez en una voz tierna.

"¿Usted piensa que Dios siempre está en el sexo?"

Él no me contesto.

"Cuando yo tenía doce años, fuí violado por un señor que era un amigo de la familia..." Le conté.

Realmente no sé porque le dije casi todo sobre al abuso. No sé si fue el alcohol. Que la bebida me había hecho recordar en vez de hacerme olvidar. No sé si era porque quizás el padre Antonio por ser inteligente, tener facilidad con el lenguaje, abierto en hablar sobre el sexo, él iba a tener la capacidad de entender lo que yo necesitaba para guiarme en buscar quien era yo, especialmente con estos enredos con la sexualidad y entenderme.

¿Qué era ser *gay*? ¿Cuál era la diferencia entre el amor y la sexualidad? ¿Y, el poder?

Al terminar de platicarle todo al padre Antonio, él me contestó, "A mí me hubiera encantado tener sexo contigo cuando tenias doce años porque me imagino que eras hermoso."

42

"Creo que ya eres lo suficiente maduro." Paco me dijo.

"¿Pa' qué?" Le contesté.

No me dijo nada, solo murmuró.

"¿A dónde van?" nos preguntaron los demás niños que estaban jugando alrededor de nosotros cuando Paco prendió la camioneta.

"Vamos a la tienda. No pueden ir." contestó Paco.

"¡Si, queremos ir!" Se oyeron vocecitas protestando.

"¡Que no!" Paco empezó a mover la camioneta, y todos los niños se retiraron.

A mis padres ni les pedí permiso porque ellos ya estaban acostumbrados a que Paco me llevaba a donde quisiera.

El apartamento de Paco se veía más como un motel de esos corrientes por su color mostaza afuera. Cada año Paco tenía un apartamento diferente cuando emigraba.

Aquí fue donde no solo sentí el miedo sino también pudo reaccionar mi cuerpo. Me paré. No quise seguir en el pasillo por donde la pintura de color mostaza todavía seguía por adentro.

Él me empujó para que le siguiera adelante. Me acorraló, y con las dos manos me guío como una vaca hacia su matadero.

Ya adentro, él dio el cerrón de la puerta. Solo había lo esencial, una cama y un pequeño ropero oliendo a humedad. Las paredes estaban desnudas, en ellas solo había un calendario, para recordar que si había un mundo afuera que seguía.

"Ya es tiempo que te salga la leche." Paco me dijo.

Paco me bajo los pantalones hasta las rodillas. Me subió a la cama porque no me alcanzaba. Me quede boca arriba y medio desnudo. Él me masajeaba fuerte.

Yo todavía no sabía que era tener un orgasmo. Paco nos había explicado esto y que Miguel ya había tenido.

Yo no quería que mi primer orgasmo fuera con Paco. Yo trataba de detenerme de no tener un orgasmo aunque no sabia que era. Yo trataba de no sentir algo y romper todas las conexiones físicas adentro de mi cuerpo mientras Paco me masajeaba más y más fuerte. Con el esfuerzo que hacía yo en no sentir, mi desarrollo sexual no sería normal. Estaba cambiando psicológicamente mí estructura física.

No sé si pasaron cinco minutos u horas, solo sé que Paco se frustró y se enojó porque él no pudo darme mi primer orgasmo. Mi cuerpo lo sentí ya desconectado de cualquier sentimiento de placer. Por eso Paco no podía hacer nada para hacerme tener un orgasmo.

"¡Chingado!" dijo Paco. Luego volteó mi cuerpo boca abajo y me dijo, "Ya eres lo suficiente grande para metértela."

"No." Se me salió llorando sin pensarlo. Se me vino esa reacción del fondo aunque ya me había acostumbrado a que los adultos hicieran lo que ellos querían conmigo. Me habían enseñado que yo como niño no valía, sin derechos a contestarle a un adulto. Solo podía contestar, "Mande usted."

Mí "No," Paco no lo escuchó. Y no solo fué porque él también ya se había acostumbrado a no oír a un niño, sino porque a él de niño tampoco lo habían escuchado, y proyectaba su niñez en mí. El mundo Latino estaba sordomudo hacia el mundo de los niños, y los que sufrían más eran los niños *gay*, porque unos hombres heterosexuales los violaban más a ellos.

Yo estaba tan enfocado en no sentir placer y solo quería sentir dolor para no tener un orgasmo y por eso no estaba preparado para el dolor que se me vino. Yo sentí que un cuchillo me abrió adentro cuando él me la metió. No era nada cierto que ya estaba suficiente maduro y preparado para lo que me había hecho. Yo sentí una lumbre, como que me había sellado y marcado como a una res. Ninguna persona podía estar preparada para eso, eso solo se tenía que hacer con cariño.

En un instante, me di cuenta de que le había pasado también a Miguel.

Con toda mi fuerza aunque pequeña me pude quitar a Paco.

"¡Ahora yo!" le dije.

"Los hombres no hacen eso." Me contestó enojado.

"¿Quién soy yo?" Me pregunté.

Ya los dos estábamos de prisa con tiempo de salir del cuarto, yo por respirar el aire fresco y él para que nadie se diera cuenta de lo ocurrido. Me levanté y me subí la ropa. No me quería fijar en el calendario, porque yo no quería acordarme el día de esta memoria indestructible.

Desorientado salí, tomando mi primera respiración. Aunque estaba en la realidad, no sentía la verdad. En ese momento, no sabía si existía el piso. Como que ya no sabía pisar firme. Me sentía recién sellado.

Le conté lo que me había ocurrido al padre Antonio.

"Si, me dejas chupártela yo si te puedo dar un orgasmo." Me dijo el Padre Antonio.

43

Después de ese día, Paco nunca me habló. Creo que por primera vez quería sentir la indiferencia, que a mí me daba igual si él hablara conmigo o no, pero no era cierto porque sentí rabia. El próximo año hasta Paco se casó. Yo ya sabía que él no era *gay* porque él no tenía nada que pareciera *gay*. Pero me alegró que tuviera mi primer orgasmo una semana después a solas—no con Paco.

No paso mucho tiempo cuando otro heterosexual del campo, me quiso abusar. Mi mente no sabía si entre ellos se habían aconsejado. Sentí una cólera tremenda, y por primera vez entendí porque Dios nunca me dio poder. No había nacido Enrique VIII, el rey de Inglaterra porque Dios sabía que cuando yo me enojaba, yo quería decapitar a todos. A la edad de doce, yo quería saber quién era responsable, porque en el fondo yo sabía que yo no me busque esto.

La rabia empezó primero con mis padres, los adultos más cercanos.

Mi furia siguió con todos mis parientes y con todos los mexicanos heterosexuales abusadores de niños *gay*. Me avergonzaba de ellos. Enfurecido, yo los quería agarrar a todos a palazos de como se hacían irresponsables de dárselo todo a Dios, que Él me iba a proteger. Que ellos no habían pensado o creado prevenciones, así como de no tener un refrigerador a la mano de un niño. Medios dormidos e inconscientes, todos se daban sus valores de ser padres preocupones. Por estar tan apegados uno al otro, se notaban claramente sus inseguridades. Era obvio que todos nos sentíamos huérfanos. Nos fregábamos uno al otro. Era una plaga de incesto, mentiras, y enredos. Pero esto no era por nuestro propios padres, si no por algo más viejo, enredoso, y adherente.

En el fondo nos sentíamos solos porque habíamos matado a nuestros padres. Psicológicamente habíamos matado a nuestros padres originales—a Hernán Cortez y a la Malinche. Siempre tendríamos enfermedades mentales, como *mamitis,* hasta que pudiéramos aceptar la verdad de quienes eran nuestros padres y porque los odiábamos—que ellos eran rateros, violadores, y traidores. Y, que también nos comíamos unos a los otros. Que nunca íbamos a poder recuperar nuestra libertad hasta que nos quitáramos las mascaras que Carlos Fuentes ya nos había señalado.

No quería tener nada con lo mexicano, por eso se me hizo fácil meterme al mundo de Jane y seguir la segunda etapa de la aculturación, odiar a mi país. Mi mente era práctica. Yo me sentí protegido por ya no estar con los mexicanos, porque pude detener mi sexualidad hasta llegar al circo.

Superficialmente, en el inglés, todos eran "*tú*". No existía el "*usted*" y todos éramos iguales. No se respetaba a los mayores y también parecía que la sexualidad no se escondía. Empecé a leer todo lo que existía en inglés y hasta escribí mi primer libro sobre sexualidad. Lo que yo no me di cuenta fue que cuando yo lo escribí eso no fue necesariamente para impresionar a Jane, sino era para que su madre lo encontrara y ella quizás supiera lo que a me había pasado. Cuando ella lo descubrió debería haber ido directamente a ver a mi mamá, aunque solo se comunicara a señas, para que ella investigara que estaba pasando, sin asustarme o cerrarme más. Pero ella no lo hizo. El libro para Jane podría ser igual como cuando Miguel tocó a Paco en público. Solo que los dos fuimos rechazados y yo todavía no me daba cuenta que los estadounidenses también tenían sus propias oscuridades.

Me tuve que aguantar de todo y por tener que tragarme mi furia, esta tempestad le dio calor a las semillas de mis patologías que ya existían de mi infancia espantosa. De aquí fueron como empezaron a agarrar forma para poder desarrollar mi personalidad en las tres diferentes ramas clasificadas por el <u>Manual Diagnóstico y Estadístico de los Trastornos Mentales—Versión Cuatro</u> por la Asociación Americana de Psiquiatría de sentirme raro, desconfiado, y desbalanceado.

Cuando mis padres iban a regresar a México y me dijeron que yo tenia que irme con ellos, me quise tomar un puño de pastillas, porque prefería morirme que regresar a donde yo pertenecía. Yo no le encontraba solución a como quitarme lo mexicano. La única solución era matarme. Lo hice sin temerle a Dios. Porque también Dios, me hubiera decapitado. Yo lo odiaba con toda mi alma. Pero Él no me dejo verlo, no porque me iba a mandar al infierno sino porque hasta Él me tenía miedo. Como un mexicano romántico y sufrido quería desaparecer. Para acelerar el proceso pensé que tomándome pastillas para adelgazar que el día siguiente ya no existiría, que me hubiera desaparecido al día siguiente—por lo delgado. Solo lo que pasó era que las pastillas solo tenían cafeína y sentí que me hubiera tomaron veinte tazas de café. En vez de desaparecer del universo, quedé con los ojos abiertos y mi corazón fuertemente palpitando—alerto y vivo toda la noche.

Al no poderme matar, me daba igual si me aventaba frente a mi papá, al que todos temían y nunca nos atrevíamos a sublevarnos, y le dije, "¡Qué no!" ¡Qué yo no voy a ir a México! Yo se que secretamente lo que me dió valor era que yo ya estaba enamorado y haría lo imposible—no me importaba la sociedad. A los quince sin tener el término inconsciente yo ya me había reconocido, dentro de mí mismo, *gay*.

"Pues, a ver cómo le haces." Me contestó mi papá.

44

Aunque sentía que me había caído en el mismo hoyo en el circo, sé que no fué cierto porque por primera vez me pude desahogar:

20 de Septiembre, 1989

Estimada mamá,

Yo se que lo que le voy a decir va a ser muy difícil para usted. Si puede, trate de leer esta carta a sola antes de leer más.

La única razón que le puedo decir de lo que le voy a escribir. Es porque yo ya pasé esto hace mucho tiempo

Ya no me siento como usted se va a sentir después de leer mi carta. No se tiene que preocupar por mi y no necesito nada ahora, solo decirle lo siguiente.

Cuando yo era niño, fuí abusado sexualmente por Don Ismael. Le quería decir porque ya es tiempo que usted lo sepa. Yo sé que esto es difícil para usted y por eso nunca se lo dije,

Creo que usted, como yo, prefiriera que ya no le escondiera esto, aunque le va a causar mucho dolor.

Su hijo que la quiere mucho,

Enrique

45

21 de Septiembre-Northfield, MN

Carmelo estaba afuera y me dijo, "Mi papá piensa que debería de ir a una universidad. A él no le gusta la idea de que yo esté en el circo toda la vida. Mi hermano menor ya está en la Universidad de Notre Dame. ¿Qué piensas tu?"

"Yo sé que te gusta el circo pero también es importante tener una educación. Quizás ir a la universidad será una buena idea. Luego, si quieres puedes regresar."

"A mí me gusta esta escuela."

"Una amiga mía estudió aquí. Esta universidad me recuerda mucho a la universidad en la que yo estudié porque se enfoca en las artes y las letras. Además empieza con la letra de tu nombre."

Los dos nos reímos y lo acompañe a la oficina de admisiones para pedir una aplicación.

"Me voy a ir a bañar en el gimnasio de la universidad." Le dije después de acompañarlo.

"¿Puedo ir contigo? También, yo me quiero bañar."

"Voy por mis cosas."

Ya en el gimnasio. El olor de hombres estaba espeso en el aire y el estomago se me puso en nudos por los nervios. Fui transportado cuando era un adolescente débil de 40 kilos, cuando tenía que participar en el gimnasio de la escuela. Muchos de nosotros todavía no habíamos pasado la pubertad.

Me acordé de cuando vi a José bañándose. Él estaba desnudo con otro estadounidense igual de musculoso. Se pegaban con la toalla. Se veían tan tranquilos y aceptaban sus cuerpos sin nada de vergüenza. Yo estaba en el sexto grado y José en el octavo. Me fije en el pene de José y me obsesione fijándome, pero con unas miradas disimuladas para que ni él ni nadie se dieran cuenta. No sé porque me fascinaba, no sé si era porque estaba tan bien desarrollado. Él parecía un adulto. Tenía un cuerpo fuerte muscular y tenia ojos negros que parecían de un cachorro triste. Aunque tenía ascendencia mexicana, él era un jugador de futbol americano y por ello era enorme y muscular. No sé si lo que me fascinaba era que le habían hecho la circuncisión. Cuando me fijaba en su cuerpo, me daba vergüenza el mío. Tenía miedo, que nunca iba a llegar a ser como él. De vez en cuando, me tropezaba con José porque él ayudaba a su papá que era jardinero y trabajaba con mis mismos jefes. Siempre era muy cariñoso conmigo, y me decía que él siempre oía que yo era muy inteligente y estudioso. Que para él la escuela era muy difícil. Era obvio que él era mexicano por sus padres, aunque no hablaba nada de español. Por él empecé a enamorarme otra vez de los hombres mexicanos. Al estar con él, se me olvidaba todo mi pasado pero ninguno de los dos nos atrevíamos a hacer nada.

Carmelo y yo nos desnudamos a una distancia que se sentía apropiada. Otra vez se me vino la vergüenza de estar desnudo. Me decía a mi mismo que me veía bien porque me habían crecido los músculos desde que estaba en el circo, pero muy bien sabía que no me comparaba nada a Carmelo.

Después de quitarme toda la ropa, me fui y abrí la ducha, y me volteé a la pared para que él supiera que no lo veía. Él se fue a la ducha opuesta. Nos enjabonamos y como si nada nos bañamos, de vez en cuando nuestros ojos se cruzaban y sabíamos que los dos nos estábamos viendo, no sé si para compararnos, por curiosidad, o porque nos deseábamos. El pene de Carmelo se parecía al de José. Yo movía rápido los ojos.

No nos dijimos nada uno al otro mientras nos duchamos.

Esa noche, Carmelo otra vez iba a preparar su especialidad italiana. A mí me tocó lavar los trastes, y él me esperó hasta que yo los terminé. Cuando el padre Antonio oyó que los dos estábamos solos en la cocina, abrió la puerta y otra vez le enseño una revista pornográfica a Carmelo. Otra vez, Carmelo pegó un grito y se empezó a reír. En ese instante, el padre Antonio cerró la puerta.

Carmelo se me acerco y me dijo en voz baja, "El padre Antonio le enseñaba esas revistas el año pasado a Gary."

26 de Septiembre–St. Paul, MN

El otoño empezó rápido con unas nubes oscuras que colgaban encima de Minnesota. La lluvia caía rápidamente y nosotros metíamos todo adentro de un edificio donde seria la función. Le estructura era de un estilo moderno y parecía que los habían construido en los últimos años. Las paredes de ventanas nos asombraban.

La ejecución fue difícil. Pero no me afectó porque era obvio para el público que trabajábamos duro y que le habíamos puesto mucho de nuestra parte. La reacción de los estudiantes siempre era favorable. Ya empezaba a recordar que era lo que a mí me había atraído el circo una vez. Era como admiraba a los voluntarios y cuanto se sacrificaban en el arte de esta misión.

Antes de desarmar el circo, ya cuando la tormenta había desaparecido llevé a Jingles y a Scotti y los amarré a una escalera para que pudieran estar afuera por un rato. Luego volví con agua, y acaricié a los dos. Antes de irme a trabajar, vi que el edificio moderno tenía unos escalones, aproximadamente 30 escalones. No sé porque pero me sentí capaz. Sentía que todo me iba bien, y por eso me animé a bajar los 30 escalones con mis manos. Cuando llegué abajo, me sorprendí que lo pudiera lograr. Me sentí lo más fuerte que me hubiera sentido en mi vida y más porque Carmelo había visto lo que hice.

Me fui a guardar los trajes, barrí el talco que había quedado en el suelo, y puse en su lugar el maquillaje. El padre Antonio dormía, Conchita contaba el dinero del dulce de algodón, y Jenny guardaba la cortina principal, Mario guardaba el equipo de audio, mientras Jack y Carmelo desarmaban el trapecio. Luego, Tony me llamó para ayudarle a subir la pianola. La empujamos para afuera del edificio y tratamos de subirla a la rampa del tráiler de los animales. Pero no le dimos suficiente ganas y la pianola rodó hacia atrás. Una llanta le paso por encima del pie de Tony. Pronto maldijo y luego nos reímos. El equipo del circo desaparecía poco a poquito. Muchos estudiantes se quedaban a ver mientras nosotros trabajábamos.

"Algo tiene Scotti, no puede respirar." Jenny vino corriendo.

Yo la seguí y casi brinqué todos los 30 escalones.

Carmelo y Mario ya estaban allí.

Cuando llegué, todos se alejaron. La cadena se había enredado en el pescuezo de Scotti. Le salía sangre de su nariz y un ruido débil le salía de la boca. Nadie había podido desenredar la cadena. Scotti se moría.

"Alguien traiga unas cortadoras de alambre." Mario y Carmelo corrieron para agarrar unas.

Me arrodillé al lado de Scotti. Asustado y desesperado, trate de desarmar la cadena que lo mataba.

No sé cómo, pero pude descifrar el enredo en el cual Scotti se había metido. En un instante se libró. Él pronto me brinco con su única pata delantera y me olió con su nariz que todavía tenía sangre en el exterior. Me lamió como si nada hubiera pasado.

46

27 de Septiembre-Eau Claire, WI

El frío ahora venía con fuerza. De hecho, todas las fuentes de la universidad estaban congeladas. Por primera vez en mi vida, aprendí y sentí lo que quería decir el término de factor de viento helado.

"Los animales parecen estar bien, solo creo que mi nariz se va a caer." Le dije al padre Antonio que todavía estaba debajo de las cobijas cuando regrese de atender los animales.

Sacó la cabeza de las cobijas y dijo, "Tienes razón, voy a cancelar la función de hoy."

"¿Si?" le pregunté. Lo dije en un tono que aparentaba que estaba desilusionado, porque adentro estaba contento, podíamos todos descansar.

"Sí. Avísales a los demás que la función se va a cancelar." Se volvió a tapar y a desaparecer en las cobijas.

Fui casi corriendo y con una energía calurosa, por lo contento de tener un día de descanso.

Fui a tocar a las literas de Carmelo y Jack.

"¡No puedo creer que cancelamos!" Carmelo me dijo, "Raramente cancelamos. Ha cambiado mucho este año."

"Que raro." Jack dijo.

"¿Qué le estará pasando al padre Antonio?" También dijo Conchita.

Yo pensaba que era por mí, que por acercarme al padre Antonio nuestro pequeño mundo mejoraba. Hasta en la noche, el padre Antonio ordenó pizzas para todos nosotros, para eliminar la necesidad de que alguien tuviera que cocinar o limpiar la cocina en la cena.

"¡Deseo saber que puso al padre Antonio en tal buen humor!" Jenny me dijo después de la cena.

"Yo sé por qué." le dije y sonreí como que escondía un secreto.

"¿Qué?"

"Yo tuve sexo con él."

"¿Esta mañana?" me preguntó.

"Sí, ya hemos tenido sexo por más de una semana."

"Yo pensaba que algo como esto estaba pasando, pero no estaba segura."

"¿Piensas que es malo?" Le pregunté.

"Yo pienso que tú tienes que hacer lo que es mejor para ti. Acuérdate de pensar en tí y no permitas que te dañe o que se aproveche."

Cuando ya no pude contemplar más le dije, "Pero por lo menos el padre Antonio no va a hacer nuestra vida un infierno."

"Y, por lo menos alguien está teniendo sexo en este circo." Ella agregó.

1 de Octubre-Winona, MN

Ya teníamos una semana en el estado de Minnesota. Los rastros del verano rápido desaparecían con el frío, poco a poco todo se moría en colores vibrantes—rojos, anaranjados, y amarillos. Linda seguía cantando en cada viaje que teníamos que hacer para nuestra siguiente función. Conchita agarraba el volante firme, siempre parecía estar estresada. Jenny y yo nos seguimos protegiendo de ella cuando nos turnábamos en sentarnos en el medio de la camioneta. Por lo menos, uno de nosotros tenía una barrera. Le platicábamos a Conchita o le dábamos risas falsas a sus chistes tontos para entretenerla mientras el otro dormía.

Cuando llegamos a Winona, nos dirigimos hacia el estacionamiento de otra escuela parroquial. Me fijé que en esta escuela había un área de recreo donde había columpios, resbaladeras, y juegos para hacer gimnasia donde uno se podía trepar. Los aparatos para gimnasia eran mis favoritos.

Ya teníamos una rutina para descargar todo rápidamente y sabíamos cada uno cuales eran nuestras obligaciones que debíamos hacer.

Ya que terminamos de instalarnos, el padre Antonio salió de su cuarto para inspeccionar todo y satisfecho nos dijo, "Todos pongan atención. ¡Deben de tener más enfoque! Todavía la función no está perfecta. Acuérdense que todas las personas están acostumbradas a ver televisión, donde todo se ve perfecto. Así es como lo debemos de presentar. Ya hemos estado en el camino por un mes, ya no hay ninguna excusa para errores. El próximo mes, tienen que perfeccionar sus habilidades o si no las quitaremos de la función."

Se volteó a cada uno de nosotros, "Enrique, solo harás tres aros si se te sigue cayendo el cuarto. Carmelo y Tony no dejen que los juegos de diablo se les caiga..." El padre Antonio siguió con los demás.

No fue demasiado duro, pero definitivamente nos criticó y lo que decía era en serio. Creo que por primera vez lo sentí como un líder, donde lo dijo honestamente y era verdad—todavía podíamos darle más ganas y enfoque.

Cuando termino el padre Antonio se fué y se sentó en un banco para leer el periódico local. Ya no había nada que hacer hasta esperar la cena, lo único que quería hacer era ir al patio de recreo. Pero antes de irme a jugar, me fui con el padre Antonio y le quité el periódico y lo agarré del brazo.

"¿Qué haces?" Me preguntó.

"Mire lo que puedo hacer. Tiene que verlo."

"¿A dónde me llevas?" él seguía protestando. Todos se acercaron para ver a donde llevaba al padre Antonio.

Yo me limpié las manos en mi pantalón y brinqué a uno de los tubos para hacer gimnasia. Me quede colgando del tubo amarrándome con las manos y me columpié con mi propio cuerpo para darme una vuelta para quedar arriba. El tubo me quedo en la cintura. Aventé cada pie al frente, para que quedara sentado en el tubo. Luego, me caí para atrás y agarrado del tubo me di vueltas en el tubo.

"¡Estupendo!" dijo el padre Antonio. Los demás estaban asombrados.

"Todavía no ve nada." Le contesté.

Me fui para atrás otra vez, pero esta vez sin detenerme con las manos. Le di otras vueltas. Después de las diez vueltas, solté las piernas del tubo y quede en el aire sin ser sostenido por nada. Mis pies buscaron el piso para que por fin pudieran aterrizar. Yo quedé rectamente parado en el piso. Luego, alcé los brazos así como lo hacen cuando uno termina en la gimnasia de las olimpiadas.

Él aplaudió, "¿De dónde aprendiste esto?" me preguntó el padre Antonio.

"Desde que era niño, siempre me trepaba en este aparato mientras los otros muchachos jugaban deportes. Yo lo hacía por horas y me gustaba estar con las muchachas tratando de hacer gimnasia con ellas. Este era mi santuario."

"Tienes que hacer el trapecio el año que viene." Me dijo el padre Antonio y se volteo con Jack, "¿Apoco no?"

Cabeceó que sí, Jack también estaba impresionado

"Lo que puedo hacer es infinito." Me subí de nuevo y les enseñé más.

"Tenemos que entrenarte con Ben. Lo más pronto posible porque Jack ya no estará aquí el año que viene. Ben era nuestro mejor ejecutante en toda la historia del circo. Yo lo organizaré todo. Esto sería mejor que los gatos." El padre Antonio estaba entusiasmado.

Cuando el padre Antonio se fué, se me acerco Jack y me dijo, "Me puedes enseñar unas cosas para mi trapecio."

"Por supuesto que sí, yo te enseñaré." Le dije orgullosamente porque sentía que ya pertenecía al circo y que por primera vez Jack me aceptaba.

"¡Que increíble, vas a trabajar con Juan!" Carmelo me dijo después de la cena. "Eres muy afortunado de poder trabajar con él. Él es un cirquero increíble."

"¿Supongo que estaré otro año aquí?" le dije a Carmelo. Hablé con cuidado y con delicadeza por no lastimarlo porque el padre Antonio no le ponía atención a él, pero al mismo tiempo lo quería apantallar para que supiera que me interesaba el circo como a él.

"Creo que sí." sonrió y me dijo, "Quien sabe quizás no estudiaré y me quedaré otro año contigo en el circo."

"Sería una gran idea," le dije fantaseando. Yo quería estar en donde estuviera Carmelo.

20 de Octubre-Madison, WI

De nuevo se canceló la función por las condiciones del tiempo. Otra vez Carmelo decidió cocinarnos su comida italiana. Yo acompañaba a Carmelo aunque estaba enfocado preparando comida para los ocho en la cocina pequeñita. En un rato, entro Tony para ver que estábamos haciendo. Tony me dijo que quería que yo escuchara una de sus canciones que tenía en su walkman.

"Vamos a mi cama para dejar a Carmelo que prepare la cena a gusto." Le dije a Tony.

"No puedo entrar allí" Tony me dijo, "El padre Antonio está allí. ¡No podemos molestarlo!"

Carmelo se alarmé y dejo de cocinar por un momento.

"También es mi cuarto. ¿Qué no?" Les aseguré.

"¿Estás seguro?" Me preguntó de nuevo Tony.

Cuidadosamente Tony me siguió cuando abrí la puerta en la cocina de mi cuarto. El padre Antonio estaba leyendo algo y sentado en la silla del escritorio.

Subí a mi litera y luego le señalé a Tony que me siguiera. Tony como yo pisó la cama del padre Antonio. Él pisó con cuidado. El padre no nos dijo nada. Yo estaba preparado si se negaba que Tony subiera a mi cama. No estábamos haciendo nada malo, solo íbamos a escuchar música. También, si lo negara, entonces quería decir que esté no era mi cuarto. Entonces me buscaría otro lugar para dormir.

Tony y yo escuchamos música y nos hablamos discretamente sobre la música rock.

Después de que comimos todos, a mí me tocaba lavar los trastes esa noche. Carmelo esperó a mi lado hasta que terminara.

"¿Así que Tony estuvo en tu litera?" me preguntó.

"Escuchamos música" le dije como si nada. "¿Después de que termine con los trastes quieres subir conmigo?"

Sus ojos castaños se encendieron y me dijo que "Si." Luego, me ayudó a secar los platos. Me preguntó si quería escuchar su música y a un comediante del Medio-oeste de los Estados Unidos que le gustaba.

Carmelo me siguió cuidadosamente a mi cuarto. El padre Antonio ya estaba en su cama y me vio con una mirada de "ahora a quien vas a subir a tu cama," pero no me dijo nada. Yo le sonreí como si nada.

Ya arriba de mi cama, Carmelo susurró, "¿Estas seguro que no se va a enojar?" me dijo en voz baja y nerviosamente.

"Si" le dije discretamente.

Saco de su bolsillo una cinta de casete y lo puso en su walkman. Yo escuche de un oído y él de otro—cada quien agarró un audífono. Nuestras caras quedaron de lado a lado.

"¿Puedes oír?" me preguntó Carmelo.

Le cabeceé que sí, sin decir nada.

"¿Te gusta?" me preguntaba en voz baja cada vez que terminábamos de escuchar algo.

Otra vez cabeceé que sí.

En la oscuridad estaba al lado de Carmelo en mi pequeña cama encapsulada, los dos respirando el mismo aire. Tomé otra respiración profunda. También, sentía que él estaba intoxicado y en éxtasis como yo—solo que no sabía si Carmelo estaba en éxtasis por estar tan cerca al mundo del padre Antonio o por estar tan cerca de mí, como yo lo estaba por él.

47

21 de Octubre-Milwaukee, WI

"¿Quieres ir un sauna *gay*?" el padre Antonio me preguntó.

"Bueno," le dije.

"Súbete." El padre Antonio me dijo cuando desenganchó la camioneta del tráiler.

"¿A dónde van?" Conchita sospechosamente le preguntó al padre Antonio.

"Vamos a dar una vuelta." Le contestó. Era claro que ella quería más información pero él no se la iba a dar. Si el padre Antonio no quería, no daba explicaciones. Nadie se atrevía a preguntarle.

"¿Cómo son los saunas?" Le pregunté.

"Son maravillosos. Todas las barreras de la sexualidad se quitan. Puedes explorar lo que tú quieres con otros hombres. Los baños saunas son buenos para la gente que vive aquí en el Medio-oeste. Este es su único escape."

"¿No, agarraré SIDA?" le pregunté con mariposas en mi estomago.

"¡No! Si te cuidas todo va a estar bien. Al sacar un librillo dijo, "Así es como se buscan los saunas de los Estados Unidos, este libro sale discretamente cada año."

El padre Antonio ojeaba el librillo y luego se fijaba en el nombre de la calle en la cual estábamos en Milwaukee. Yo le descifraba la calle porque era difícil ver de noche. Se regresaba a ojear el librillo y luego manejaba por las diferentes calles.

"Pienso que estamos aquí." Me dijo.

"Parece que todo está abandonado." Le dije.

"Si, aquí debe de estar. Es lo que dice aquí. Sé que es aquí porque me acuerdo haber venido aquí hace unos años. Tu espérate aquí."

Se bajó de la camioneta y trató de abrir una puerta negra en el callejón de una zona industrial.

"No, supongo que está cerrada." el padre Antonio dijo cuando entró a la camioneta, "El maldito gobierno está cerrando todo después del SIDA. Pero creo que hay una taberna *gay* por aquí. ¿Por qué no vamos a tomarnos una bebida?"

Cuando llegamos a la taberna había varios carros en un estacionamiento de tierra. Me tardé unos segundos para adaptarme a la oscuridad del lugar, porque estaba aún más oscuro que afuera. Pero no tardó nada en oler a cigarrillos y cerveza. La música tocaba fuerte. El padre Antonio parecía saber a dónde iba y por eso me agarré de su chamarra para seguirlo mientras yo me adaptaba a la oscuridad.

Ya sentado, nunca había visto tanta gente *gay* en un lugar. Traté de esconderme al lado del padre Antonio.

Mi atentado clandestino falló porque de repente una persona prendió una linterna a mi cara. Toda la taberna volteo a ver mi cara alumbrada, "¿Tienes por lo menos 21 años? ¡Enséñame tú identificación!"

"Si" se me dificultó sacar mi identificación. Él de la seguridad seguía con la linterna prendida sobre mí. "No pareces que tienes 21 años."

Cuando por fin le enseñe mi identificación. Apagó la linterna y luego me dijo, "¡Diviértete!"

El padre Antonio se reía y pidió dos cervezas por el susto.

Alguien a mi lado me toco el hombro, "¿Tu eres uno de los bailarines?"

"No." Le contesté asustado.

"Va a haber un concurso de un *strip-tease*." Me dijo. "¿Estás seguro que no eres uno de los bailarines?"

"No soy." Me voltee a ver al padre Antonio. Él seguía riéndose.

"Pregúntale a los a los jueces si tu puedes bailar. El primer premio es de $75 dólares. Yo se que tú los ganarías." Me seguía molestando el señor.

"No, gracias." Le contesté.

"¿Por qué no lo haces? Al cabo nadie te conoce. ¿Qué puedes perder? Solo vas a perder tus pantalones." El padre Antonio seguía con sus carcajadas.

"No, no me siento a gusto."

Después de una hora, la cerveza me había relajado. El padre Antonio me volvió a preguntar. "¿Bueno, lo vas hacer o no?"

"Me siento inseguro."

"Enrique, tienes que quererte y no tiene nada malo tu cuerpo. No sé porque los mexicanos se avergüenzan de sus cuerpos."

"Bueno, lo voy hacer." Fui a decirles a los jueces y luego ellos me mandaron a la casilla del DJ para que escogiera la música. Escogí la canción *Turn the Beat Around* de Gloria Estefan y the Miami Sound Machine. Había otros cinco concursantes.

"Soy el número cinco en la lista" le dije a padre Antonio, "¡Quiero otra cerveza! Me estoy poniendo nervioso."

"Acuérdate que todos los días estas frente a un público. Piensa como que estas en el circo." El padre Antonio me dirigía.

"¡Hay Dios mío, ese muchacho esta guapísimo! Parece modelo, yo no puedo competir contra él. Mire como baila." Lo dije cuando uno de los muchachos subió al escenario.

"Enrique, no se te olvide sonreír. Es lo único que tienes que hacer. ¡Recuerda eso!"

Cuando terminó de bailar el muchacho güero con ojos azules que parecía soldado con su cuerpo muscular se quedó solo en calzoncillos. Todos chiflaban, aplaudían, y golpeaban el suelo con los pies. La taberna retumbaba.

Una travestí se subió a la plataforma y me presentó, "¡Ahora un aplauso a Enriqueeeeee de Guadalajara!"

Le había dicho de Guadalajara, porque creo que no hubieran sabido donde estaba Jerez. Yo me enfoqué en los tambores de la música Latina de Gloria Estefan. En ocasiones, cerraba los ojos y movía las manos con el ritmo y me centraba en el sonido que mi cuerpo conocía. Poco a poquito, mezclando lo apenado de mi sexualidad me quité la camisa despacito. El público se volvía loco.

"¡Quítate los pantalones!" una voz gritó en público.

Me di una vuelta para darles la espalda a todos y me desabroché los pantalones. De repente me di cuenta que tenia puesto debajo termos—unas mallas que se usaban para combatir el frío del Medio-oeste. Que no era nada sexy. Seguramente iba a perder. Yo le seguí bailando enfocando la energía en mi cuerpo superior y mi cintura porque no me iba a quitar los pantalones.

Aunque todavía tenía puestos mis pantalones y solo exponía mi torso desnudo que había sido bien trabajado por el circo, los hombres venían y me ponían dólares en la cintura de mi pantalón de mezclilla. Al meterme un dólar, me tocaban los músculos definidos de mi estomago. En unos minutos había ganado más de lo que el circo me había dado desde que había empezado.

Finalmente sonreí, después de que se terminó la canción. La muchedumbre también me chifló, me aplaudió, y pegaban al suelo. Agarré, mi camisa del piso, y brinqué del escenario hacia el padre Antonio.

"¿Cómo me vi?" le pregunté.

"¡Fuiste estupendo!" Me felicitó primero, y me preguntó, "¿Por qué no te quitaste los pantalones?"

"Se me olvido que traigo puesto los termos."

Él se empezó a reír, "No te preocupes por eso. Estuviste maravilloso."

"También, me gané este dinero. Me pagaron más de lo que usted me ha pagado en los últimos dos meses. ¿Quiere que le disparé una cerveza?"

"Si."

Los dos nos empezamos a reír.

Después de un momento, cuando todo se había tranquilizado en la cantina, anunciaron los resultados. Por fin, la travestí anunció, "El primer lugar va para Enrique el caliente de Guadalajara con un premio de $75 dólares y un ramo de flores."

Casi me caí de mi asiento. El padre Antonio me dijo que fuera a recoger mi premio.

Me obligaron a bailar otra canción, de nuevo no me quite los pantalones.

48

22 de Octubre-Milwaukee, WI

"¿De donde vinieron esas flores?" Mario preguntó.

"Me las gané." le dije.

"¿En dónde te las ganaste?" Carmelo preguntó.

"En un *strip-tease gay*." El padre Antonio se rió.

Todos se rieron.

"¿Qué paso?" Conchita preguntó al entrar a la mesa después de cocinar el almuerzo.

"Me gané estas flores en un *strip-tease gay* y también 75 dólares," le dije.

"¿Desnudo?" Jenny se horrorizó.

"No, sólo me quité la camisa."

El padre Antonio carcajeándose dijo, "Quizás de ahora en adelante ya no vamos a vender dulce de algodón. Enrique va hacer *strip-tease* en el circo."

Todos se reían histéricamente, menos Carmelo porque la boca le colgaba.

49

23 de Octubre-Milwaukee, WI

"¡Cuidado con las muchachas, Enrique!" Jenny me dijo al regresar de la pista del circo por la abertura de la cortina principal. "Casi atacaron a *Monsieur Le Plume,*" Que bueno que Jack esta en zancos."

El padre Antonio nos había advertido que las muchachas de las escuelas católicas se volvían locas, porque no había hombres, y menos en mallas. Ellas casi se desmayaban, como si fuéramos *Los Beatles.*

"Odio las funciones donde hay solo muchachas. No se puede oír nada de lo que digo, ni con micrófono." El padre Antonio estaba enfurecido y se desquito conmigo antes de que yo saliera con mis aros. Sentía que él tenía algo contra mí por ser una función con muchachas, porque esto traía un tema por el que siempre nos peleábamos—de porque trataba mal a las mujeres. Él odiaba que yo me juntara con Jenny. Él me había prohibido que ella entrara a nuestro cuarto. Traté de retirarme de él durante la función.

Salí a respirar, sin estar preparado para los chiflidos de las adolescentes que las monjas no podían controlar. Hacia tiempo que no me daba miedo estar frente al público pero esta vez lo sentí de nuevo, no quería que el cuarto aro se me cayera. No quería que el padre Antonio me lo reclamara. Ya había hecho cerca de cincuenta funciones y durante ese tiempo no se me cayeron los aros. Sentí una debilidad en los brazos, me latía el corazón, y contenía la impulsividad de correr para atrás y hacer los aros lo más pronto posible. Pero si me apresuraba, sabía que eso haría que se me cayeran.

Antes de que aventara los aros para el aire, sentí que me temblaban los pies por la vibración que sentía cuando las muchachas golpeaban el piso de madera del gimnasio. Las monjas ya estaban vencidas de no poder controlar el ruido. También, los changos y las guacamayas gritaban asustados por toda la conmoción.

Tomé una profunda respiración y primero aventé los tres aros, me enfoqué en ellos. No quise ni pensar cómo iba hacer cuatro aros, porque si no hasta los tres se me hubieran caído. Cuando los terminé, perfectamente, el padre Antonio me dio el cuarto aro.

"¡Que no se te caigan!" Me dijo el padre Antonio cuando se me acercó y luego me hizo un gesto para que supiera que era en serio. Yo sabía que este comentario no me iba ayudar para nada. Solo me iba a tensar más. Él sabía que aunque ya no se me habían caído los cuatro aros, todavía me sentía inseguro con el cuarto.

Temblé por sólo un segundo y me sacudí el cuerpo un poco, para quitarme la ansiedad. Detuve mi respiración por un momento, y luego aventé los cuatro aros. Aunque todavía no había perfeccionado hacer cuatro aros empezaba a darme cuenta antes de que se me fueran a caer. Cuando sentí que se me iba a caer terminé los aros, en cada mano, los levanté hacia el cielo, y sonreí que había terminado. Las muchachas aumentaron sus aplausos y chiflidos.

Estaba en el proceso de perfeccionar los aros. Yo pensaba que esto era lo único que necesitaba por afinar, para tener una función excelente sin distraerme.

"Yo sé que hiciste trampa porque cortaste un poco los cuatro aros." El padre Antonio vino y me reclamó.

"Si, pero no se me cayeron." Me defendí involunta-riamente porque no quería dejar de sentirme orgulloso.

No me dijo nada, solo me hizo un gesto cortante.

En la desarmada del circo ya cuando se había terminado, yo le pregunté a Jenny que había pasado cuando hubo un silencio total—hubo un momento cuando todas las muchachas se callaron. Yo estaba atrás ayudándole a alguien.

Ella me platicó que fue en la obra moral—la función tenía dos obras morales. En una de ellas, se trataba de regalar flores. Sin ninguna palabra, todo se hacía en mímica. Nosotros sacábamos una pintura en la escena de un jardín y también poníamos una banca. Aquí se sentó un señor que era Jack actuando, medio creído con su periódico, a lado estaba un vagabundo (Mario), en una casa de cartón. El señor se volteo para no verlo. Cuando paso una mujer (Jenny), el señor se levantó y le regaló una flor. Lo dama se lo agradeció y el caballero se fue contento. La dama vio al vagabundo, y ella le regalo la flor. El vagabundo sorprendido, se contentó. Antes de irse el vagabundo, se la dio a una muchacha en el público. Esto conmovió a todas—ellas quedaron en silencio.

Durante la desarmada del circo, muchas muchachas se quedaron a vernos ya que era la salida de la escuela. Por un cerco de alambres que nos separaba, ellas nos pedían nuestros autógrafos. Tony y yo se los fuimos a dar.

"Adiós Enrique. Te escribiré," me dijo mi fiel admiradora, "te lo prometo." Hasta me regalo su esclava.

50

30 de Octubre-Kingfield, IL

"Parece haber una gran preocupación en hacer dinero y no parece que estamos haciendo nuestra mision. No creo que vaya a venir al circo el próximo año ¡Tengo que irme de aqui!" Carmelo se me acercó y me dijo enfurecido.

"¿Quieres ir a caminar?" le pregunté.

Yo sabía que el padre Antonio lo seguía tratando con indiferencia. A Carmelo no lo incluía en nada. Parecía que estaba a punto de estallar.

Era rara nuestra situación porque Carmelo se desahogaba conmigo muy bien sabiendo que yo tenía lo que él más deseaba, ser dizque adorado por el padre Antonio.

"Yo tengo que ir a la universidad el próximo año." Carmelo afirmó.

"Yo sé que el padre Antonio se creé porque conoce toda las raíces griegas y latinas del inglés, habla de música clásica y de la literatura. Carmelo la educación solo es una parte, tú ya has realizado mucho."

"¿Qué?" me preguntó enojado.

"Tú has estado en el circo un año. Yo a veces pienso que no puedo terminar el año. El circo es una de las cosas más difíciles que he hecho en mi vida, ya tengo un título de la universidad y pienso que no podré terminar. Tú ya lo hiciste. Nadie te puede quitar eso."

"Me doy cuenta que estoy cumpliendo el sueño del padre Antonio y no el mío."

De un modo me tranquilizaba que Carmelo criticara al circo. Que sí se daba cuenta de los problemas que ocurrían, porque parecía que los veteranos nunca se quejaban. Después de que él se había desahogado y habíamos platicado por algún rato, lo invité a mi litera.

Carmelo entró conmigo al disque cuarto sagrado—lo ví sentirse como que ésta vez él tenía derecho de estar allí.

El padre Antonio roncaba lentamente. Los dos cuidadosamente le pisamos su cama y nos subimos a la litera.
Los dos quedamos apretados por el espacio limitado. Por
la oscuridad, solo podía ver su silueta. No queríamos
despertar al padre Antonio roncando abajo.

"¿Te quitaste la ropa cuando ganaste el concurso en el
bar *gay*?" Carmelo me preguntó.

"No, no toda mi ropa." Me sacaba de onda que Carmelo
a veces era tan honesto, "¡Solo la camisa, y así gané!"

"Yo no me atrevería."

"¿Por qué no? Tú tienes un pecho increíble. Yo se que
tu hubieras ganado." Complementé.

"¿De verdad?" Pareció imaginarse la situación y luego
contestó, "¿Quizás pudiera ganar?"

"¿Esa noche el padre Antonio y yo íbamos a ir a un
sauna *gay*? Tenía curiosidad de ver cómo eran." Y luego le
agregué, "Solo que estaba cerrada por lo del SIDA. Por eso
el padre Antonio y yo nos tuvimos que ir a un bar *gay*."

"¿En serio?"

"Si" le contesté.

"Me acuerdo que el padre Antonio y Robert siempre
salían después de que llegábamos a un lugar nuevo pero
nunca nos decian a donde iban." Carmelo me dijo.

Carmelo había sacado un rollo de cinta negra de
electricidad. Él la cargaba como que si fuera tabaco para
masticar. Mientras yo le platicaba, él se acariciaba los
labios con el rollo. Parecía disfrutar como rodaba el lado
brilloso de la cinta del labio superior al de abajo. Yo quería
besar a Carmelo pero no me iba a atrever a hacer nada
con él. Yo era un romántico miserable. No iba a hacer
nada con Carmelo si él no lo deseaba.

"Estoy aprendiendo mucho de mí, y sobre mi
sexualidad. Cuando estaba en la universidad no tenía
tiempo de pensar en sexo. ¿Y tú?" Le pregunté.

"¿Yo qué?" Me contestó.

"¿Sobre tu sexualidad?"

"Tuve una novia, pero nada en serio."

"¿Y con un hombre?"

"No nunca, nunca he tenido la oportunidad."

Después de unas horas de estar con Carmelo, me
atreví a decirle, "¿Carmelo que estás haciendo arriba de

mi cama tan noche? Dime la verdad, parece que no te quieres ir. ¿Qué quieres de mí?"

"¿No sé?" Me contestó.

"Estas en mi cama y hablamos de sexo en la oscuridad," tomé una pausa, "¿Esto quiere decir algo?" Le dije confundido.

No me dijo nada, pero tampoco sentí que se quería ir.

Se me vino una verdad que por primera vez la pude ver tan clara y se me salió, "¿No sé si tu sabes? Tú me atraes, yo soy *gay.*"

"Yo sé." Me dijo cariñosamente, "El año pasado, después de que ustedes nos invitaron a cenar en la universidad Occidental, todos los del circo me bromeaban de cómo tu me gustaste."

"Yo no me acuerdo. No es cierto." Me dio vergüenza y me sentí tonto. Me quería defender que no era cierto, pero sabía que era verdad. De un modo, yo era como Carmelo, era honesto y demostraba fácilmente mis sentimientos y no me detenía en demostrar cómo me sentía. Solo que mis sentimientos no tenían voz, no estaban conscientes. Quizás en el fondo solo había venido al circo para estar con Carmelo y no era nada porque quería ser un misionero católico. Sentí que tenía diferentes partes de mí que no conocía y que estaban desconectadas completamente de mi mente y cuerpo. Las pinturas de personas partidas en partes de Picasso por fin las comprendía.

Sintiéndome completo y con una claridad por un instante le pregunté, "¿Quiero saber si yo te atraigo? Yo ya no quiero jugar, y por eso tengo que saberlo. Si no, yo entiendo. Solo quiero saber." Le demandé la verdad.

Él me contestó con un refrán del Medio-oeste que no entendí.

"¿Que quiere decir eso?" Le pregunté confundido—yo solo quería que me dijera que "¡Si o No!"

"Quiere decir que es obvio que tú me atraes."

Después de su respuesta los dos no supimos que hacer. Yo me frené completamente porque no quería hacer nada que él no quisiera hacer. Solo que también sabía que nada iba a pasar y por eso le propuse, "¿Nos besamos?"

"Si, pero nunca he besado a otro hombre."

Se quito la cinta negra de los labios, esperaba que yo lo besara a él.

"¿Estás seguro?"

"Si." Me aseguró otra vez.

Sin poder distinguir claramente sus labios, me acerqué despacito y con cuidado a través de la oscuridad. Mis labios aterrizaron lentamente y se acolchonaron con los de él. Era la primera vez que mis labios habían tocado los de un varón que yo deseaba besar. Creo que ni él, ni yo, estábamos preparados para este beso. Él no se daba cuenta que mis labios no se comparaban en nada a un rollo de cinta eléctrica porque ellos daban calor, buscaban humedad, y tenían vida.

Al instante que descanse mis labios con los de él, sentí un opio potente que calmó el dolor de las heridas recorridas. Por la aridez que sentían mis labios, me los apretaba más a los de Carmelo, solo que la sed, no tenía límite. Abrí mi boca y mordí suavemente su labio superior. Yo estaba listo para atacar a Carmelo como si fuera una fiera, y lo atraparía como un colibrí enjaulado entre mis colmillos. Pero traté de contenerme porque no lo quería devorar en un instante—lo quería saborear—sostenía su labio envuelto en mis dientes para que se derritiera con mi calor.

Después del primer beso húmedo que le di a Carmelo, yo no esperaba el diluvio de memorias que me inundaron. Mis amores de cada año empezaron a caer como del cielo. Primero empezó a salpicar Raymundo, del cual me había separado, y por eso fue que extrañaba a mi Jerez. Siguió lloviznando con el primer muchacho que conocí con ojos azules y pelo rubio—nomás viéndolo se tranquilizaba mi dislocación. Muy pronto empezaron a pegar de rayos y truenos cuando se me empapaba de memorias del muchacho pandillero. Yo admiraba de cómo a él le daba igual todo y no le hacía caso a nadie. Me daba cuenta de que cada año yo cambiaba de latino a anglosajón, siempre consistente y siguiendo rígidamente las inevitables etapas de la aculturación a un nuevo país. Esa atracción venia solo de mí, porque todo dependía de cómo me quería o me odiaba por lo que era—un mexicano.

Con el beso que le di a Carmelo, me di cuenta que lo único de lo que era consistente y no tenía fin, era que siempre era con varones—el cholo, el cowboy, el emigrante, el rico, el pobre, el fuerte, el sensible, él de la ciudad, y ahora hasta un ejecutante del circo que había nacido en el Medio-oeste de los Estado Unidos. Yo deseaba estar siempre con ellos y soñaba que éramos reyes, dioses, guerreros, y héroes poderosos—obviamente éramos de otro mundo. Que el dios Maya, Chin, que hacia uniones homosexuales entre jóvenes, viniera y nos juntara. Cada año cambiaba de pareja, no porque fuera promiscuo, sino porque estas ilusiones nunca se manifestaban, solo eran fantasías. Después de cada relación creada tenía yo que aceptar que yo era el único que fantaseaba. ¿Porque ya no estaban nuestros dioses? Creía que yo era el único mexicano que se enamoraba de varones. Sin yo saberlo, sufría de una melancolía que parecía no tener tope su profundidad. No me daba cuenta de la nostalgia, porque me había acos-tumbrado a ella. Yo mismo me ponía de escenario tras escenario vicioso para poder sentir. Pero al mismo tiempo, era imparable, porque cada año que pasaba me volvía a animar porque al amor yo no le tenía miedo.

Nuestros labios se conducían ya solos, los dirigía su existencia primordial. Los pensamientos ya no podían detenerlos. Los labios se enredaban como las viñas de una selva y de nuestras bocas surgían bestias—los dientes mordían como un jaguar, las lenguas se enroscaban como víboras buscando la humedad y el calor. Las bocas se volvían como picos hambrientos de pájaros para un día poder volar. De nuestras bocas retoñaban semillas y de ellas rápidamente crecían viñedos para enredar y enlazar nuestros cuerpos. Sin no poder desligarnos libremente, empezaban a caer flores de Xochipilli. Las flores se despilfarraban en mariposas y desaparecían, como lo hacían mis memorias, cada vez que la presión disminuía de nuestros labios.

Muy pronto, los dos nos rompimos nuestras camisas. En ocasiones recapturaba en donde estaba, y no lo podía creer que yo estaba encima del desnudo pecho de Carmelo. Inmediatamente, me di cuenta que Carmelo era virgen porque no aguantó la risa cuando quise lamer su pecho. Sin control, tembló su cuerpo y le saltó un reflejo fuerte que "no," por no aguantar la sensación. Yo paré rápidamente para saber si él estaba bien y para ver si esto había despertado al padre Antonio. Todavía seguía dormido. Silenciosamente, dirigí mis labios a los de él para besarlo con el propósito de callarlo.

Él me repetía constantemente en mi oído que se le había parado. Yo le aseguraba que todo estaba bien y que era normal. Ya cuando se tranquilizaba, yo volvía a estudiar cuidadosamente con mi lengua las fosas entre su pecho, su ombligo, y sus costillas. Obviamente, se mordía el labio superior con los dientes, cerraba los ojos fuertemente, y se retorcía para poder contener sus reflejos corporales. Solo por el hecho de que mi lengua acariciaba su cuerpo parecía que iba a tener un orgasmo. A veces no se podía aguantar, y soltaba todo involuntario de su cuerpo. Todo el tráiler temblaba. No se si temblaba hasta con Juanita y Jenny. Yo me frenaba por completo. Cuando estaba seguro que el padre Antonio no se había despertado. Asegurando me dé que todavía seguía roncando, yo continuaba explorando los valles y lomas del cuerpo superior en donde yo me había quedado.

Ya cuando conocí todo su territorio superior, me atreví a meter mi mano entre lo apretadura de su fajilla y pantalón de mezclilla hasta poder sentir una área donde se podía sentir un calor inmenso. Muy pronto encontré el órgano de Carmelo.

Respiré profundamente para poderme orientar, y no podía creer que en mi mano derecha contenía el miembro de Carmelo. Y más importante, que estaba dura al yo estar con él.

Me dijo dócilmente, "No quiero que me toques."

Avergonzado, quise sacar mi mano pronto. Solo que se me quedo atorada entre sus pantalones en su fajilla.

Él se rió silenciosamente.

Ya cuando saqué mi mano, me agarró la cara con sus dos manos y la puso frente a la de él. Guió mis labios a los de él, y me besó. Cuando por fin liberó mis labios me dijo, "Me debo ir. Es muy noche, Jack no sabe donde estoy y se va a preocupar."

Carmelo con dificultad por fin se pudo poner su camisa en mi apretada litera. Lentamente se resbaló de mi litera sin pisar la del padre Antonio. Cuando tocó el suelo y recobró su equilibro, Carmelo estiró su mano hacia mi cara y acarició mi pelo. Cuando brinco del tráiler, todo tembló. Al cerrar la puerta, al él salirse, se llevó con él su olor.

Yo me quité mis pantalones y me cobijé. Respiré profundamente. Flotando habían quedado unas pocas de sus feromonas regadas como estrellas. Yo quedé in-consciente con la boca abierta y con los ojos hacia atrás en blanco, flotando como Teresa de Ávila en éxtasis.

51

1 de Noviembre-Romeoville, IL

Al día siguiente, el sol salió y me bañó la cara con un calor que yo sabía que iba a ser el último del otoño. La luz me encandilaba y con ella trataba de sostener la realidad, para poderme enfocar en lo que se necesitaba hacer para dar otra función. No sabía si la noche anterior había soñado o si alguien me había dado una hierba medicinal. Ni el cielo, ni el zacate, ni los árboles parecían reales. Lo único que si, era verdad era cómo me sentía por dentro al estar con un hombre. Me sentía despierto, bien definido, y sabia que esto venia mucho antes de que yo me hiciera mexicano o católico. Muy bien sabia que tenía que luchar por lo que yo fui primero y cuál era mi verdad. No iba a haber ningún modo de poder regresar a las mascaras que me había puesto. No me tendría que importar nada, ni cuando mis antepasados vieran la película de mi vida cuando yo muriera. Solo, enfurecido, demandaría ver primero la de ellos para poder ver sus atrocidades. Yo sabía que así iba a callar sus voces en mi mente si me juzgaban.

Durante el día guardé distancia de Carmelo para controlar mis sentimientos y para no herir lo recién retoñado. También me retiré de los gritos y los comentarios racistas y sexistas del padre Antonio.

Hicimos la función y desarmamos todo rápido. Muy pronto nos fuimos a nuestra próxima escuela.

Después de que habíamos comido, me refugié con Jenny. No le revelé lo que pasaba dentro de mí porque me había acostumbrado a remediar las cosas yo solo. También, me habían enseñado que si decía lo que deseaba lo iba perder. Determinado, no iba a decir ni una palabra. Aunque quizás todos lo sabían ya.

En lo oscuro, Jenny y yo nos fuimos al campo de pasto de la escuela donde se jugaba fútbol. Allí nos agarramos las manos para ver que tan rápido podíamos darnos vueltas hasta no soportarlo. Ya tirados sobre el pasto, los dos estábamos muy separados en lo húmedo y fresco. Sentía que mi alma estaba viva y daba vueltas dentro de mi, con él trataba de reafirmar y darle testimonio a lo que había pasado la noche anterior—que yo sí había besado.

Nos levantamos de nuevo, para marearnos más, y otra vez derrumbarnos. En unas de las levantadas, vi que se nos acerco una sombra. Apreté los ojos, para asegurarme que si veía la que yo pensaba quien era—la silueta de Carmelo. Por lo mareado, y con las defensas caídas, quise correr con él y abrazarlo, pero era mi mente muy fuerte y me detuve fijamente en mi lugar

"¿Puedo jugar con ustedes?" Carmelo nos pidió.

"Si" Jenny contestó porque yo me quede sin palabras.

Carmelo tomó el brazo de Jenny. Quizás porque, como yo, tenía miedo de tocarme. Jenny con la otra mano agarró la mía. Jenny se posicionó entre nosotros. Se puso fija en el centro, y ella empezó a dar vueltas. Porque ahora estábamos en una distancia más grande de lo que están dos personas solamente, la fuerza centrifuga entre Carmelo y yo era fuerte. Girábamos con armonía con los átomos, la tierra, los planetas, el sol, las estrellas, las galaxias, y el universo. Dando vueltas y antes de que la fuerza nos fuera a separar y nos iba a aventar a lugares opuestos, Carmelo con toda su fuerza subió su mano con la que Jenny detenía para por fin me tocara al lado opuesto. Me apretó firmemente para indicarme que lo que había pasado el día anterior era verdad.

La fuerza nos aventó.

No podía descifrar cuales eran las estrellas reales y cuáles eran por la fuerza del golpe. Sentí que mi cráneo se abrió y dejaba entrar a un nuevo mundo no homofóbico. Mareado, buscando un significado en las estrellas de por qué estábamos aquí y por qué solo lo que a mi me importaba en este mundo era besarlo.

Después de unos giros más, Jenny tumbó todas las defensas de Carmelo y mías, ella nos dejo a solas besándonos.

52

8 de Noviembre-Springfield, IL

Yo me sentí como de luna de miel viajando por el Medio-oeste de los Estados Unidos. Cuando terminamos nuestros quehaceres del circo en nuestro nuevo lugar, buscaba a donde ir con Carmelo para estar juntos y seguros para podernos besar—debajo de un árbol, detrás de los teatros escolares, en un gimnasio abandonado, o en la orilla de un lago.

Casi lo único que hacíamos Carmelo y yo era besarnos. Yo solo seguía lo que él hacia conmigo, yo lo reflejaba como si fuera su espejo. Nunca nos quitamos la ropa. Bueno de vez en cuando, si nos quitamos la camisa. Para mí tocar el pecho de Carmelo era suficiente.

No tenía el lenguaje para describir lo que me estaba pasando con Carmelo. Aunque yo era un adulto con una buena educación formal, sexualmente tenía una mente infantil y parecía niño cuando estaba con Carmelo. Freud dijo que a fuerzas, uno, para madurar tenía que expresar las emociones verbalmente, especialmente las contra-dictorias y especialmente las que se tratan de sexualidad y agresividad. Si no, uno quedaría en un nivel primitivo, en un proceso retrasado. Desafortunadamente, mis padres no me platicaron que es el amor, y menos a un niño *gay*. Con una mente infantil, yo pensaba que Carmelo era el único y que sin él no podía vivir. Sólo lo veía como Divino, y no podía ver todas sus partes—estaba ciego de sus fallas. Tampoco se lo iba a contar al padre Antonio, aunque él podría ser el más adecuado para iluminarme y como guía *gay*.

En cuando llegamos a nuestro siguiente lugar, una monja le explicaba al padre Antonio, "Porque no se estacionan aquí, así pueden conectar la electricidad de allí."

Yo pasé por el padre Antonio y en la bolsa de su chaleco le metí un rollito de paquetitos de muchos colores y le sonreí. El padre Antonio estaba distraído en la conversación con la monja.

Me fui a darles de comer a los animales.

El padre Antonio metió la mano para ver que le había metido mientras seguía hablando con la monja para arreglar todo lo que se necesitaba para la función de mañana.

"¿Por qué hiciste eso?" el padre Antonio me dijo cuando me encontró adentro con los animales.

"¿Qué?" le dije.

"Cuando saqué la mano del bolsillo, no sabía que me habías metido. No lo podía creer, me salió un acordeón de condones. Muy rápido los volví a esconder. Se me enrojeció la cara y no me podía quitar la sonrisa cuando hablaba con la monja. "

"Quizás los podemos usar más tarde, ya en la noche." Le dije.

"Pobre monja no creo que ni ella supo que pasó. Quizás pensó que eran pastillas de la garganta." El padre Antonio siguió.

Los dos nos reímos y los dos nos fuimos a cenar.

Jack nos dijo que iba a visitar a unos amigos y que por eso no nos iba acompañar a la cena. Después de la cena, Carmelo me preguntó que si quería ir al cuarto donde estaba su litera ya que íbamos a estar a solas sin Jack.

"Si, sólo déjame acabar de lavar los platos." Contesté.

"Mientras voy a leer y te espero en mi litera." Carmelo se salió.

Así como a él se le había hecho increíble ir a donde nunca se le había permitido ir, a mi cuarto, yo me sentí igual.

Mientras yo limpiaba todos los platos lo más pronto posible sin que se me quebraran todos, salió el padre Antonio y me dijo, "¿Quieres que te haga una ginebra y tónica?"

"Me voy a juntar con Carmelo por un ratito." Traté de usar el diminutivo para que no me dijera que no fuera.

No me contestó, pero lo sentí enojado.

"No me tardo mucho. Hágame una y me la tomaré cuando regrese" Le contesté.

"Bueno." Se volvió a meter al cuarto.

Cuando abrí la puerta me detuve al encontrar a Carmelo medio vestido en la litera de abajo. Estaba boca abajo leyendo con solo un termo blanco que calentaba desde sus tobillos hasta su cintura. El termo por lo ajustado definía lo perfecto de su cuerpo—la fuerza de sus muslos grandes y la firmeza de sus piernas. Sus pies, que bien cuidaba, quedaban libres a lo frío.

"¡Eh!" Carmelo sonrió y me dijo, "¡Entra! Está haciendo frió."

El cuarto de Carmelo y Jack era muy pequeño porque cuando uno abría la puerta solo había las dos camas encima de una a la otra y no había ningún pasillo. Las dos camas tocaban la puerta. La cama de Carmelo estaba abajo.

Gateé en su cama, y luego acaricié todo su cuerpo empezando desde abajo.

"Mmmm, que rico." Gimió Carmelo cuando le apretaba todos sus músculos y recorría con mis manos por todo su cuerpo. Cuando llegué a su cuello, le volteé la cara y lo besé.

Después de un rato de besarlo le dije, "Me tengo que ir."

"¿Por qué?" me preguntó.

"Estoy un poco cansado y el padre Antonio me tiene una bebida." Le expliqué.

"Bueno, nos veremos mañana."

Nos dimos un beso y me fui a con el padre Antonio.

"¿Cómo esta Carmelo?" el padre Antonio me preguntó el momento que abrí la puerta.

"Bien," le contesté y le pedí, "¿Dónde está mi ginebra y tónica?"

"Salud."

"¿Donde están los condones?" Yo le pregunté.

"Ya te dije que a mí no me gusta coger. Pero si quieres te dejo que tu a mí, pero tiene que ser con un condón." Me explicó.

No me importaba si iba a perder mi virginidad, porque ni sabía si de veras era virgen o no. La mayor parte del tiempo cerré los ojos, pretendiendo que todavía estaba con Carmelo en su litera.

53

12 de Noviembre-Festus, MO

Cada día, el padre Antonio se abría más y más. Me decía cosas que yo pensaba no debería saber. Me decía que él era una persona muy enferma psicológicamente—me contaba de sus trastornos y su niñez.

Tony me dijo preocupado, "¿Por qué el padre Antonio no me habla? ¿Le hice algo? No me ha hablado por dos semanas. Yo trató de hacer algo para obtener su atención pero sólo parece que se distancia y me sigue ignorando. No me dice nada."

"No te preocupes. Vas a ver que todo va estar mejor. Te lo prometo

Mientras él sonreía y aventaba los garrotes hacia el cielo, me di cuenta que Tony estaba empezando a sentir un poco de lo que era sentirse ser parte del circo. Él quería ser aceptado.

La cena fue igual que siempre. El padre Antonio seguía con su chistes racistas, sexistas y todos se burlaban. Creo que lo hacía más adrede cuando sabía que estaba yo enojado por como ignoraba a Tony y que lo iba a enfrentar esta noche.

Jenny también estaba callada y creo que también enojada. El padre seguía degradando a los africanos-americanos, judíos, asiáticos, y a los latinos.

"Que bueno que se termino la cena." Me dijo Jenny cuando nos salimos de la cena. "No soporto oír al padre Antonio. También, Conchita me dijo que como mujer me tengo que presentar mejor. Que tengo que peinarme mejor. ¿Qué van a pensar los patrocinadores?"

"¿Qué?" le pregunté. "Estamos en un circo todos estamos medio descuidados. Por qué nomás te atacan a ti. Es solo para fregar. No les hagas caso. El padre Antonio se ve más despeinado que tu." Le dije.

"Yo fui y le pregunte al padre Antonio que si era cierto y dijo que sí, porque él le había pedido a Conchita que me lo dijera. No sé por qué él no me lo pudo decir directamente. Me enojó tanto que me puse a llorar y lo único que me dijo era que llorar no me hace nada. Las mujeres usan eso todo el tiempo y luego se alejo."

Jenny y yo estábamos enojados.

Me fui a mi litera después de hablar con Jenny. Del otro lado podía oír que Tony y Mario les tocaba fregar los platos. El padre Antonio leía el periódico y se bebía su ginebra y tónica.

Después de que terminó de lavar los trastes invité a Tony a mi cuarto y los dos nos subimos a mi litera para escuchar nuestros Walkman.

"Por qué no te dejas que te ponga un arete." Me dijo Tony.

"Bueno" le dije.

Esa noche le permití que me agujerar el oído y no me dolió. Todo esto pasó en mi cuarto mientras el padre Antonio seguía ignorando a Tony, pero él no me decía nada.

Después de que Tony se fué a dormir, ya no me podía contener más. El padre Antonio todavía leía el papel y a mí me salieron lágrimas y le pregunté, "¿Por qué tratas tan mal a los *Primeros de Mayo*?"

El bajó el papel y me miró.

"No es tu culpa. No te culpes. Todos en el circo te quieren. Nadie dice nada contra ti. El circo nunca ha tenido a alguien como tú."

Noté que no contesto mi pregunta y no podía creer que no podía admitir su conducta. Después de una pausa continuó, "Nuestra relación es tan difícil por mí. Tú me asustas. Tengo miedo de perderte. Estoy tomando medicamento psiquiátrico porque me han diagnosticado con un trastorno emocional severo."

Él acaricio mi cara y me beso.

Yo le dije, "Le tengo dos preguntas. ¿Usted alguna vez se ha sentido amado?"

"No." Me dijo después de mucho tiempo.

"La próxima pregunta no quiero que me conteste. Solo que piense." Luego le dije, "¿Si yo no hubiera tenido sexo con usted, usted me hubiera ignorado como lo hace con Tony?"

Me dio una mirada extraña cuando le pregunté.

Yo me subí a mi litera y no hablamos más esa noche. Aunque no se dijo una palabra más esa noche, el silencio vibraba y sonaba fuertemente en el vacío de nuestro cuarto.

54

13 de Noviembre-Festus, MO

La mañana siguiente el padre Antonio brincó de su cama y se fué a buscar a Tony. Lo despertó, lo abrazo, y se disculpó. Claro que no le dijo porque lo trataba así.

Obviamente, el padre Antonio había tomado responsabilidad por su conducta y le había pedido perdón. Era raro que aquí en este circo el sacerdote fuera él que pidiera perdón.

Más tarde todos oímos que alguien estaba en el circo. Fuimos al tráiler casa, y nos encontramos al padre Antonio con un niño de 12 años sentado en sus piernas.

El padre Antonio se reía, "Éste es el hermanito de Carmelo. Los papas de Carmelo están en su litera."

"Hola" saludé a su hermano que tenía unos rasgos parecidos a Carmelo.

Sentí que mi corazón se aceleró cuando oí unas voces acercándose al tráiler casa. Estaba asustado de conocer a los padres de Carmelo.

"Le enseñé a mis padres donde vivo" Carmelo le dijo al padre Antonio.

"Que bien." Contestó el padre Antonio.

"Hola, soy Enrique." Les dije y extendí mi mano.

"Mucho gusto Enrique." el padre de Carmelo me dio una mano fuerte y su madre me saludó con una sonrisa.

"No se les olvide que están invitados a la comida de Acción de Gracias, pero ahora que ya están cerca de San Louis, también podrían venir a comer pasado mañana." El padre de Carmelo le recordó al padre Antonio

No quería decirles todavía, pero yo no iba a poder ir a la cena porque Gary el año pasado ya me había invitado para esas fechas.

"Esta noche, no nos incluyan a Carmelo ni a mí en la cena porque vamos a comer con la familia de Carmelo.

Luego vamos a ver a nuestros amigos. Ya arreglamos todo." Jack dijo.

Carmelo se fué sin decirme nada.

Esa noche cuando escribía en mi litera, le dije al padre Antonio, "Yo no sabía que la familia de Carmelo iba a venir hoy."

"Ni yo tampoco. Ya nos estamos acercando a San Louis. Y, ahora nos invitaron a una cena pasado mañana y para el día de Acción de Gracias. A mí no me gusta socializar con los padres de los voluntarios. Pero su hermanito es tan adorable."

"Acuérdese de que Gary me invito a su casa para el día de fiestas. Él tiene vacaciones y quería que me quedara en su casa por algunos días."

"Si yo sé. Yo se que van a hacer."

"No vamos hacer nada." Le aseguré.

En realidad no quería ir con Gary pero ya me había comprometido.

Él padre Antonio se tomó sus pastillas psicotrópicas con su ginebra y tónica.

Me salí a caminar. En realidad no sabía a dónde ir. Me metí en una caseta telefónica y la cerré. No sabía a quién llamar. Oí el sonido del teléfono descolgado. Quería hablar con alguien que no estuviera en este circo. Carmelo y Jack los dos se habían escapado de este pequeño mundo.

De repente se me vino que le llamara a Sandy, ella me dijo que le podía llamar por cobrar cuando yo quisiera. Me fijé en la hora y aunque todavía era temprano en California, llamé a Sandy, con mucha vergüenza porque era por cobrar.

"Sí operadora acepto los cargos," oí su dulce voz al otro extremo de la línea.

"Hola Sandy."

"¡Enrique! ¿Cómo estás? ¿Dónde estás?"

"Estamos cerca de San Louis, Missouri."

"¿Algo está mal? Enrique estoy muy inquieta. Me preocupo por ti. Hablé el otro día con Robert, el gerente del circo, y me dijo muchas cosas del circo que no me gustaron. Robert me dijo que había hablado con el padre Antonio y le dijo que te está usando como su apoyo ya que él no está en el circo. Él me dijo que el padre Antonio está muy enfermo mentalmente. Que él es un alcohólico, toma medicamento, y que necesita ayuda profesional. Que tú no puedes con él...."

Yo solo escuchaba a Sandy. Yo no sabía si el padre Antonio le había dicho a Robert que habíamos tenido sexo—si Sandy lo sabía.

"Te podemos ayudar para que salgas lo más pronto posible del circo. Te puedes quedar con nosotros." Me aseguró Sandy.

Me di cuenta de que no tuve que decir ni una palabra. Sandy sabía todo lo que estaba pasando. Un peso grande de mis hombros se había levantado aunque parecía que el tejido de la telaraña del circo me enredaba más.

55

14 de Noviembre-San Louis, MO

"Tengo que hablar contigo." Fue lo primero que Carmelo me dijo después de venir de su visita con su familia en una voz ronca y nerviosa. "Ya no quiero..." Después de mucha dificultad me dijo, "Que nos besemos."

Sentía que se me bajaba la sangre. No dije nada.

"He disfrutado el tiempo que he pasado contigo pero después de visitar a mi familia me siento culpable por lo que hacemos porque va contra las enseñanzas de la iglesia. Pienso que es mejor no continuar lo que hemos hecho, pero todavía quiero ser tu amigo. Si tú eres *gay*, supongo que eso está bien. Pero no para mí."

"Yo entiendo." Le contesté, aunque la verdad no la quería creer.

"Gracias." Me dijo Carmelo. Su cara se veía tranquila y apreciaba que yo hubiera comprendido su situación.

Él se fue a cenar. Sentía que sus palabras borraron todo lo que había pasado entre nosotros. La tierra parecía que desaparecía debajo de mis pies, y colgaba con mucho peligro en el vació. Había tanto caos en el circo, y parecía Carmelo ser lo único que me ayudaba a seguir adelante.

Durante la cena, me sentía como si mi pensamiento estuviera nublado y no me podía enfocar en nada de lo que platicaban pero no me importaba tanto porque sabía que solo seguía al padre Antonio con su comportamiento racista, sexista, e injusto. Yo trataba de pretender que nada había pasado, para que Carmelo no se sintiera incomodo.

Contenía dentro de mi todo lo que quería hacer—que era empujar todos los platos de la mesa al suelo mientras comíamos y gritar con todo lo que podían mis pulmones que por qué Carmelo no estaba contra las cosas que el padre Antonio enseñaba en la cena, ¿Por qué solo lo *gay*?

Y que por qué solo lo me decía a mí y por qué no al padre Antonio.

Me quedé en ese silencio *gay* ya conocido—como siempre querían todos que lo hiciéramos—sintiendo que estábamos solos, enfermos y locos.

15 de Noviembre-San Louis, MO

A la siguiente mañana, el clima se había convertido en un frío mortal. No era uno de esos fríos que yo había conocido. El fuerte viento lo hacía más peligroso y nos teníamos que cubrir la piel para no dañarla. Los animales tropicales estaban en gran peligro y requerían más de mi cuidado. Parecía que mi corazón apenas me calentaba. Yo hacia todo lo posible para evitar a Carmelo. Solo que esta era la noche, era cuando los padres de Carmelo nos habían invitado a cenar con ellos. Era más probable que el infierno se congelara a que yo no fuera a la cena en la casa de Carmelo. Yo no tenía ninguna excusa, sin poderle decir a nadie lo que me pasaba. Tampoco podía decir que tenía que ir a lavar los trajes porque me iban a permitir usar su lavadora. Ni tampoco quería que me prestaran sus máquinas por lo orgulloso que era. Sabía que tendría que aguantarme en un doloroso silencio en la cena.

Antes de irnos para la cena, fui una última vez para ver que estuvieran encendidos los calentones de querosén en el tráiler de los animales.

Me sorprendió que estuvieran apagados y Jojo y Heidi temblaban de frío. Jojo parecía limpiarse la nariz como si tuviera catarro. Yo volví a prender los calentones, pero el viento los apagaba. El viento congelado se colaba por todo el tráiler. Volví a prender el calentador pero se volvió a pagar. El milagro se había presentado—el infierno se había congelado. Yo tenía que cuidar los calentones porque si no los animales iban a morir.

Ya todos esperándome en las camionetas, me fui a la del padre Antonio y por lo frió me salió vapor de boca cuando le dije "¡No voy a ir!"

"¡Tienes que ir!" El padre Antonio me regañó.

"Los calentones se apagan con el viento, los monos y los loros se van a morir si se apagan. Alguien se tiene que quedar. El cuidado de los animales es responsabilidad mia."

"Quizás yo me puedo quedar." Pensativamente dijo el padre Antonio. Él también vio la oportunidad de no tener que ir con los padres de Carmelo.

"¡No, eso se vería mal! Usted es el director del circo, eso sería un insulto para los padres de Carmelo si no va. El hijo de ellos ha sido voluntario ya un segundo año en su circo. Si yo no voy no se vería mal, usted si." Rápidamente pensé.

"Tienes razón." El padre Antonio se vio desanimado.

"Por favor, déle a los padres de Carmelo disculpas de mi parte." Le dije para que se fueran y corrí con los animales porque me estaba congelando. Cuando cerré la puerta tomé un suspiro de triunfo porque había hecho que todos desaparecieran—yo había aprendido muy bien la magia. Sonreí, ni yo me lo podía creer.

Toda esa noche fue solo para mí con los animales. Yo pude llorar todo lo que quería a solas.

56

16 de Noviembre-Colombia, IL

"¿Cómo estuvo la cena?" Le pregunté al padre Antonio el día siguiente.

"Bien. El hermanito de Carmelo es muy atractivo. Él estuvo coqueteando toda la noche conmigo."

No podía creer lo que me estaba diciendo el padre Antonio del hermanito de Carmelo. De repente se me vino lo que estaba pasando en el circo. Que esto no era ser *gay*. El padre Antonio me había platicado que lo habían acusado de molestar a un joven misionero que era menor de edad. Me dijo que se había armado todo un escándalo con los padres de este misionero pero que todo se había callado. Lo que no me dijo fue si él lo había hecho. Y que por eso él se aseguraba de no hacer nada con alguien que fuera menor de 18 años. Se me vino a la mente Tony, Gary, y a todos los jóvenes misioneros. También, como se fijaba en el hoyito de la cortina principal cuando teníamos una función de niños varones y que odiaba las funciones de muchachas. Era difícil aceptar que si para esto era el circo.

Me salí pronto por la puerta de atrás sin excusarme para poder respirar aire. Un diluvio de memorias de los abusos que tuve se me vino y por eso luego me fui a buscar a Carmelo—le tenía que decir lo que me estaba pasando y lo que el padre Antonio había dicho sobre su hermanito. Le quería decir que había tenido relaciones con el padre Antonio y que también se quería acostar con Tony. Como Carmelo era un veterano él podía proteger a los *Primeros de Mayo*.

Cuando vi a Carmelo, me apresuré para alcanzarlo y decirle todo. Solo que cuando me acerque a él me dio una mirada enojada y casi me pegó con el hombro para que me le quitara de enfrente cuando me le acerque. Continúo caminado completamente ignorándome. Yo me quede inmóvil y con la boca abierta sin poder decirle nada. Me di cuenta que estaba enojado porque no había ido a la cena de sus padres.

En el desayuno, había una seriedad porque nadie se hablaba. Creo que también Conchita me ignoraba porque no había ido a la cena. Tony le preguntó algo al padre Antonio, otra vez como siempre lo había hecho, el padre Antonio completamente lo ignoró—mi conversación con él ya no importaba nada.

"Parece que va a ver muchos niños hoy. Conchita quiero que empieces hacer el dulce de algodón después del desayuno."

Conchita se disgustó pero en vez de decirle algo al padre Antonio se volteó a Jenny y le dijo, "¡Cuánto tiempo te he dicho que te peines el pelo!"

Después del desayuno, traté de consolar a Jenny por ser avergonzada por Conchita frente a todos los voluntarios. Yo le dije, "Cuídate del padre Antonio hoy. Esta de mal humor es que no hemos tenido sexo hace unos días."

Los dos nos reímos.

Nuestra función seria en un gimnasio viejo y oscuro en donde unas de las ventanas estaban quebradas y cubiertas con madera. La pintura estaba descarapelándose de las paredes, donde todavía se veía color pero manchado por el agua que se había infiltrado, y el piso de madera estaba maltratado—no brillaba como la mayoría de los pisos de gimnasios lo hacían. Aunque prendimos la luz todavía se sentía uno con claustrofobia porque la luz del día no penetraba y porque solo había una liquida entrada. Este gimnasio daba tristeza, yo sabía que los colores del circo lo iban a transformar. Esto era la magia del circo que aparentaba ser maravilloso.

Cuando estábamos por terminar de armar todo el circo, me fije en Carmelo y note que estaba un poco nervioso—caminaba de un lado a otro. Finalmente decidí preguntarle, aunque ni me miraba.

"¿Que pasa Carmelo?" Le dije.

"Las extensiones de electricidad que dejé afuera faltan." Todavía no me miraba, "El padre Antonio se va a enojar. Me acuerdo que las dejé aquí. ¡Mierda!"

"Dile al padre Antonio. No fué tu culpa."

Carmelo me respondió con un gesto y luego se fue lejos de mí.

Yo sabía que el padre Antonio lo iba a regañar. Mientras Carmelo caminaba de un lado a otro esperando que aparecieran las extensiones—los demás se enteraron de su situación. Carmelo parecía que quería llorar y nadie sabía cómo ayudarle.

"No te preocupes, yo voy hablar con el padre Antonio. Le voy a decir que yo los dejé afuera y que por eso se perdieron." Le dije.

No me respondió, pero su mirada me dijo que gracias.

Me fui a hablar con el padre Antonio, él dormía y lo desperté, "Dejé las extensiones de electricidad afuera. Ya no están y las necesitamos para la función." Pensé en un montón de contestaciones por si él me atacaba.

"¡Necesitan tener más cuidado, no dejen las cosas afuera!"

Él no era nada menso, porque sabía quién las había dejado afuera y que yo estaba listo para enojarme. Por eso cambió su tono, "Dile a Conchita que vaya con Carmelo para que compre lo que se necesite antes de que los niños vengan, quiero vender todo el dulce de algodón que se pueda."

De una vez también le enfrenté, "¿Por qué fue un cabrón con Tony y Jenny esta mañana? ¿Qué le hicieron a usted? Póngase con uno de su calaña, si quiere póngase conmigo. Yo no le tengo miedo."

Volteó sus ojos para ignorarme y para hacerme sentir como que si fuera yo el del problema.

Antes de que empezara la función, el padre Antonio detrás del agujero de la cortina principal dijo, "¡Miren a todos ellos! No sabía que todos iban ser negros—lo supongo por este barrio zarrapastroso. Quizá nos van a comprar mucho algodón así como los niños mojados en California."

Yo pretendí que no lo escuchaba para tratar de enfocarme en energía positiva para la función. Carmelo y yo, ya vestidos de payasos, nos fuimos a nuestros puestos para vender antes de la función—esto le chocaba a él porque no le gustaba que nos vieran vender en nuestros trajes antes de dar la función.

Conchita había excesivamente cargado el puesto con más de 200 dulces de algodón envueltos en bolsas de plástico. Había tanto algodón que a veces se caían al suelo. Todos los ojos de los niños se iluminaban cuando pasaban los payasos. Carmelo y yo sabíamos cómo hacer a los niños sonreír.

Pero en un instante los dos nos aterrorizamos, nos dimos cuenta de que ningún niño tenía el dólar necesario para comprar el dulce de algodón. Todos los niños pasaron nuestro puesto. De vez en cuando, uno de los niños nos recogía los paquetes de algodón que se caían al suelo por tantos que había hecho Conchita. Ella seguía haciendo más.

Carmelo y yo nos vimos y no sabíamos porque no podíamos regalar los dulces. Los dos sabíamos que para hacer dulce de algodón, casi no costaba nada—un kilo de azúcar hacia bastantes algodones. No éramos un negocio, éramos una organización misionera. Sólo que sabíamos que el padre Antonio no lo permitía—Conchita también estaba detrás de nuestros hombros viendo a ver qué hacíamos.

"¡Solo vendimos dos! El padre Antonio se va a enojar." Conchita dijo y le siguió, "¡No puedo creer que hice todo este trabajo para nada!"

Yo no dije nada y me fui a preparar para la función, detrás de la cortina principal. Yo quería darles a los niños un buen espectáculo.

"Mira todo esos changos negros. No vendimos ningún dulce de algodón." El padre Antonio dijo cuando seguía espiando por el agujero de la cortina principal. "Si yo hubiera sabido que iban a ser negros no hubiera puesto a Conchita que hiciera tantos."

Yo le di una mirada enfurecida por lo que él decía. Cuando empezó la música para empezar el primer número, yo traté de enfocarme para que saliera bien la función. Por lo menos, yo les podía ofrecer eso, mi sonrisa y mis habilidades a los niños.

Todo me estaba saliendo bien, hasta que el padre Antonio me dio mi cuarto aro y me dijo en frente de todos, "¡Es mejor que no se te caiga este o después verás!"

Me lo dijo en voz alta usando el micrófono. Él lo había hecho en la pista del circo en frente de todo el público. Los niños se rieron como si fuera un chiste de payasos—el director advirtiendo al pobre payaso. Solo que el padre Antonio y yo sabíamos que no era una broma. Estaba tan enfocado, pensando en por qué me había hecho esto—él había violado el espacio sagrado. En un sentido estaba enfurecido y no me pude controlar y por eso cuando aventé los cuatro aros al aire muy pronto dejé caer uno de los aros.

De una esquina me fije que el padre Antonio tenía una mirada entre enojado y riéndose porque él sabía que me controlaba. Recogí el cuarto aro y comencé de nuevo, pero todavía se me caía el aro. Él vio que no me podía concentrar por lo que me había dicho. Terminé prematuramente y sonreí. Los niños me aplaudieron. Corrí hacia atrás.

Durante el monociclo después de que me pusieron la mesa para darme vueltas, el padre Antonio se me acercó. Fuertemente empezó a pegarse con las manos en los muslos y a gritar histéricamente varias veces como lo hacen los cowboys americanos en un rodeo "¡Hee haaa!" Parecía niño.

Él pretendió que esto era parte de la función y yo solo entendía que estaba pasando. Solo que sabía que yo tenía que enfocarme porque si no me iba a caer. Lo que si era claro era que el padre Antonio trataba de que yo fracasara—como que él no quería que yo les diera a los niños una buena función.

De una forma yo a veces había sentido lo de adentro de la pista del circo como un escape o protección, y ahora también eso lo estaba perdiendo. El padre Antonio quería que me cayera. Él había agresivamente violado este espacio sagrado.

Solo que también me resbale del monociclo pero tuve el suficiente equilibro para no caerme de la mesa. Hacia todo lo posible para no lastimarme.

Durante el episodio con el disque carnicero Jack, donde Carmelo y yo salíamos robándole un pollo. Jack me empujó con su mano cuando se me acercó haciéndome que perdiera mi equilibrio. Yo pensaba que había dominado todas mis ejecuciones—ya habíamos hecho cerca de 75 funciones. Pero no era cierto, porque dentro de la pista me estaba limpiando después de haberme caído al suelo en frente de todos.

El padre Antonio me seguía dando miradas desagradables. Yo estaba determinado de tener una buena función a todo lo que costara. Mantenía mi sonrisa y pretendí que nada había pasado y que todo era parte del espectáculo. Después de limpiarme de la caída, tomé mi monociclo rápidamente y le di una vuelta. Yo pretendí que había terminado, entonces abrí mis manos hacia el cielo y les di una sonrisa. Los niños aplaudieron.

"No te puedes concentrar," el padre Antonio se burló de mi cuando pasé. Él parecía disfrutar de su poder sobre mí.

57

Se me había hecho difícil el no estar con Carmelo. Pero siempre hacia el esfuerzo de no permitir que esto nos afectara cuando estábamos dentro de la pista del circo, especialmente cuando Carmelo y yo éramos los actores principales en la fábula "Encuadrarse."

En esta obra, los dos éramos amigos que nos habíamos hecho socios armando marcos de colores. La vestimenta que nos distinguía en esta obra de la demás función era que cada uno teníamos puesto un gorro, de la época de Robin Hood, con una pluma colorada que combinaba con nuestro vestuario.

En la obra, yo quería fabricar más y más marcos, hasta que completamente me tapaban—Tony y Mario ponían cuadros uno por uno sobre mi cabeza, hasta que el público ya no me podía ver. En la obra, yo quedaba completamente enjaulado en una caja hecha por marcos. Carmelo me buscaba y no me podía ver porque quedé completamente tapado y en ese instante Tony y Mario levantaban los marcos. Cuando los levantaban, yo había desaparecido. También los ladeaban para que el público pudiera ver el hueco que había quedado—era mi otro truco de magia. Luego, Carmelo se iba porque no sabía a dónde me había desaparecido. Luego se iba a un espejo imaginario. Yo salía, sin disque él no sabiendo y me ponía al otro lado del espejo. Yo reflejaba exactamente sus movimientos. Yo tenía que ver a Carmelo a los ojos para ver como se iba a mover—no importaba que frustrado, o enojado estaba. Los dos siempre pudimos controlar nuestras emociones en la pista.

Era un rol perfecto, porque los dos conocíamos la mímica bien, estábamos ya acostumbrados a un silencio católico—el italiano y el mexicano. Los dos sabíamos muy bien cómo disociarnos, y ser la imagen de lo que la otra persona quisiera lo que yo fuera. Después de unos pocos movimientos reflejándonos perfectamente en la obra, Carmelo se daba cuenta que yo no era él, y que él no era yo. Al darse cuenta, Carmelo se iluminaba. En ese instante, él penetraba la ilusión con su mano sintiendo la realidad, agarrando mi mano y jalándome hacia su mundo a través del espejo. Ya a su lado, los dos instantáneamente nos dábamos un abrazo frente a todo el público. Luego nos salíamos de la pista y nos íbamos para atrás del circo abrazándonos de hombro a hombro. Todos aplaudían de nuestro amor homoerótico. Por la obra, yo también sabía que el padre Antonio era un genio. Por ello, yo había querido ser parte de su misión. Pero ahora sabía que era algo muy diferente a lo que había pensado.

58

17 de Noviembre-Florissant, MO

"¿Podemos hablar?" Carmelo me dijo después de la cena.

"¿Qué quieres?" Le contesté a la defensiva.

"Se me ha hecho duro no estar cerca de ti. ¡Te extraño y no me gusta la distancia que hay entre nosotros!"

No me esperaba lo que me dijo y al instante que terminó de decírmelo se derrumbaron todas mis máscaras como una cascada.

Sin los dos decirnos nada nos guiamos más hacia un árbol enorme que estaba sobre un pequeño cerro verde. El árbol nos dio apoyo, sin ninguna homofobia, al recargar nuestras espaldas. Lejos quedó el circo, como un pequeño retrato.

Carmelo y yo nos acercamos para compartir nuestro calor corporal que nos lo robaba esta noche otoñal del Medio-oeste.

"No puedo creer que no les regalamos el dulce de algodón a estos niños. Yo pensé que éramos un ministerio católico. No me gusta el enfoque de vender en el circo. Yo no voy a continuar el año que viene si esto sigue así. Mejor me voy hacer trucos por las calles de Europa, así también podría aprender el italiano." Carmelo me dijo.

"Yo tomé un año de francés en la escuela y lo aprendí muy rápidamente por mi español. El italiano seria hasta más fácil de aprender."

"Yo quiero hacer magia." Carmelo me dijo.

"¡Yo te enseñare!"

Carmelo se me acercó y me besó. Su beso fue como si fuera la cosa más natural.

Parecía que a los dos todavía nos sorprendía que hubiera un mundo entero dentro de nuestras bocas que nadie nos había dicho y que lo estábamos descubriendo. Nosotros no sabíamos antes que la lengua, la boca, y los dientes no solo servían para comer. Cuando nos besá-bamos, no sabíamos que nuestras bocas se convertían en paisajes como de un fértil bosque o el fondo de un océano lleno de vida. Nos dábamos cuenta de que cada célula de todo nuestro cuerpo estaba viva—que tenían identidad propia, con necesidad de atención, que querían ser acariciadas y, que cada célula era juguetona. Nos dába-mos cuenta que él alma salía de todo cuando acariciá-bamos, cuidábamos y le poníamos atención a nuestros cuerpos.

Después de besarnos apoyados en el árbol, Carmelo permaneció sentado con los pies cruzados. Yo use sus piernas como almohada y me quede boca arriba mirando hacia el cielo estrellado que se veía a través de las hojas del árbol. Entre este paisaje, me quede viendo la cara de Carmelo. Él tenía la mirada fija al circo y a veces se movía con movimientos mecánicos pero reales como los que hace un águila. La luminiscencia de la luna reflejaba todos sus ángulos triangulares y sus labios llenos se podían ver su ascendencia italiana. Yo trataba de desenredar todo porque me atraía su rostro, pero mi mente no lograba descifrar una razón calculable.

Fijándome desde abajo a su rostro, sintiéndome ser contestado telepáticamente de lo que él pensaba de nosotros, "Yo no sé si soy *gay*, pero me gusta estar contigo."

"Yo sé. Por eso hay que tomárnoslo despacio." Le dije esto porque veníamos de las culturas más católicas en el mundo, y esto se reflejaba al acercarnos a su casa en San Louis, Missouri.

Sentí que Carmelo se sintió liberado.

Él puso su cara encima de la mía y nos besamos una y otra vez. Creo que ésta fue nuestra noche más larga porque hasta amanecimos juntos. Él agachaba la cabeza y nos cubríamos del frío con sus brazos y luego me besaba.

En los momentos, que se fijaba en la pequeña imagen del circo abajo, yo le conté que había tenido sexo con el padre Antonio. Le dije que el padre se quería dormir con Tony y lo que me había dicho de su hermanito. Carmelo seguía con la mirada fija, como que no lo podía creer, pero sabía que era verdad, así como los demás veteranos lo sabían, inconscientemente.

"Hay que escaparnos de aquí." Le quería decir. Los dos en 15 minutos podemos obtener nuestras pertenencias." No se nos haría difícil. Para mí al estar enamorado nada era difícil.

59

19 de Noviembre-San Louis, MO

"¿Qué haces?" Carmelo me pregunto en la mañana.

"Estoy practicando." Le dije con los aros en el aire.

"Hablé con mi mamá esta mañana y te vamos a invitar a cenar esta noche. Los dos nos sentimos mal que tú no pudiste ir a cenar la otra noche y no vas a venir el día de Acción de Gracias. Solo tú y yo."

"Me encantaría. ¿A qué hora?" Le pregunté tratando de que no se me cayeran los aros.

"¡Ya! Esta mañana fui a recoger el carro de mi papá."

"Sólo dame un momento para cambiarme."

"Te espero aquí."

Estaba contento porque no se me había caído ninguno de los aros.

Aunque solo tenía otro pantalón y otra camisa, me fui a cambiar para sentirme que iba a un lugar especial.

"Me voy ir a cenar a la casa de Carmelo." Le dije al padre Antonio aunque él todavía no me hablaba.

"Tienes que decirle a Conchita." Me contestó medio cortante.

"Yo sé."

El carro del papá de Carmelo era del extranjero y de último modelo. Me puse un poco nervioso cuando Carmelo me dijo que su padre había jugado fútbol en las Olimpiadas. Tenía miedo que fuera uno de esos deportistas machistas.

Cuando me encontré en el cuarto en donde se crió Carmelo, pude imaginarme toda su infancia. Era obvio que el cuarto había quedado intacto después de que se fue al circo al terminar la secundaria porque todavía quedaban cosas cuando había estado en la escuela, aunque de vez en cuando se veían recuerditos del circo— como pedazos de periódicos enmarcados en donde habían retratado a Carmelo en el circo. Era común que nos sacarán fotos en el periódico local—aunque era raro verlos porque nos mudábamos antes de que saliera al día siguiente.

Los dos nos reíamos en su cama cuando Carmelo me mostró retratos de cuando él era niño. Me di cuenta de que extrañaba lo que era sentarse en una cama de una casa y no tener que agachar la cabeza en las literas del circo. Aunque me sentía a gusto sentarme en su cama, de todos modos había un elemento que no era conocido, porque estaba en un cuarto de un muchacho que era blanco, no de un pobre latino, donde yo no había tenido el cuarto, ni mi propia cama. Carmelo tenía su propio cuarto, siempre había dormido solo, y había tenido donde guardar sus cosas para que nadie se las tocara. Parecía que él se había ido al circo para sentir una comunidad y no estar solo—quería dormir con todos amontonados. Yo en el circo quería separarme y desenlazarme de todo mi pasado para crear una barrera de protección con el fin de conocer quién era yo. El circo nos regalaba a los dos este contraste.

La mamá de Carmelo, que tenia ojos azules y su cabello era rubio, hizo una comida deliciosa americana para festejar al huésped de honor, que era yo. Solo que de vez en cuando, el padre de Carmelo le preguntaba a él bromeando que si yo estaba mudo porque no hablaba mucho.

Aunque en realidad era porque sentía que no les podía decir que yo amaba a su hijo y también todo lo que estaba pasando en el circo.

Yo solo alzaba los hombros y sonreía grandemente para demostrar que estaba feliz. Yo irradiaba y creo que los padres de Carmelo lo notaban.

60

20 de Noviembre-San Luis, MO

Por fin habíamos llegado a la famosa secundaria de San Sebastian donde Carmelo, Jack, y Gary habían asistido. Yo sabía que todos estaban contentos de tener una función, porque todos habían visto el circo por primera vez allí—así como yo lo vi por primera vez en la universidad.

Cuando estaba practicando mis aros vino una señora y me pregunto, "¿Quién es Enrique?"

"Yo soy." Le dije sorprendido. Se me hizo raro que una señora americana desconocida me buscaba aquí.

"Yo soy la madre de Gary, él que estaba en el circo el año pasado. Él me ha platicado mucho de ti y sé que te vas a pasar la cena de Acción de Gracias con nosotros."

"¡Hola! Mucho gusto. ¿Quiere que vaya a buscar al padre Antonio?"

"¡No!" Me contesto rápidamente, "Solo que me gustaría saber en donde se dormía mi hijo cuando estaba en el circo. Nunca tuve la oportunidad de venir a verlo."

"Vamos a tener una función esta noche si quiere venir" Le dije después de mostrarle en donde se dormía Gary donde ahora se dormía Jenny.

Ella suspiró y la vi triste, "No, no pude ver a mi hijo cuando él estaba en el circo. No teníamos el dinero para ir. No me gustaría verlo ahora que ya no está él."

"Entiendo, pero si cambia de opinión la función será a las siete de la tarde."

"Gracias. Te esperamos con placer el Día de Acción de Gracias. Gary viene de la universidad y va a venir a recogerte."

"Gracias, estoy muy contento de ver a Gary."

Así como de repente apareció la mamá de Gary, tan rápido desapareció.

Más tarde cuando nos poníamos el maquillaje les dije a todos que había conocido a la mamá de Gary.

"¡A mí no me cae bien, es bien posesiva de su hijo!" dijo el padre Antonio.

"A mi si me cayó bien." Le contesté cuando me miraba en el espejo que sostenía mi mano para seguir poniendo mi maquillaje.

"El padre de Jack va a grabar la función. Quiero que ésta sea una función excelente porque se va a grabar." El padre Antonio se dirigió a todos. "No me gusta que graben el circo."

Supongo que el padre Antonio no se animaba a decirle al padre de Jack que no lo grabara porque su hijo había dedicado tres años a esta misión y no creo que nada lo iba a parar de no grabar lo que iba hacer su hijo.

Alcancé el cierre atrás de mi uniforme y me fui con Carmelo para vender el dulce de algodón. Los asientos del estadio de la escuela se estaban llenando. Conchita trataba de esponjar el dulce de algodón apachurrado que no se había vendido en otras funciones.

"Decidimos venir," oí una voz que me dijo. Me encontré frente a la mamá de Gary y me siguió diciendo, "Este es el papá de Gary."

"Mucho gusto, me alegra que están aquí." Les dije rápido antes de que Conchita me diera una mirada para que vendiera.

Antes de que empezara la función, yo me animé agarrar dos dulces de algodón y subirme donde se habían sentado los papas de Gary. A cada uno, les di un dulce gratis—se los entregué como lo hace un payaso cuando regala una flor. A los dos se les escapó una sonrisa. No me preocupó que se fuera hacer un problema con Conchita o el padre Antonio. Si me iba a decir algo, les iba a contestar que me lo quitaran de mis 10 dólares que me pagaban al mes—de todas formas aún no me habían pagado el mes pasado.

Detrás de la cortina principal, el padre Antonio me dió una miraba porque sabía que había visto todo por el famoso agujero. Como lo hacía siempre murmuró algo para que yo oyera y me molestara, "Odio a los padres de Gary porque por ellos se salió del circo. Pero yo le dije a

Gary el día que cumplió los 18 años en el circo que yo ya podía hacer con él lo que quisiera, porque ya era legal."

En uno de los primeros actos, en donde el padre Antonio balanceaba en su barbilla una percha larga donde se colgaban las guacamayas, se oyó de repente que la muchedumbre toda dijo "¡Guácala!" Esto significaba solo una cosa—que muy raro pasaba—cagaron al padre Antonio y esta vez en video.

Entró por la cortina principal con una cara roja como un tomate por lo enojado, aunque estaba toda pintada de maquillaje blanco.

"¡Mierda!" lo oí decir que era la primera vez que decía esa palabra era lo adecuado. Yo me quise reír pero ni me atreví porque sabía cómo me iba ir.

Normalmente cuando empezaba una función así, esto causaba que lo demás números fueran un desastre—parecía que todo caería como los dominós y era difícil detenerlos. Pero yo me determiné de no permitir que continuara así cuando yo saliera a hacer mis aros.

Después de hacer los tres aros perfectamente y el padre Antonio me entregó el cuarto aro. Me había dicho atrás de la cortina principal "¡Que no se te caigan los aros como el otro día!"

Tomé un momento para enfocarme lo que hacía en el momento y quise entretener al público. Cuando terminé perfectamente, sonríe directamente a los padres de Gary. Ellos me aplaudían.

El enojo de padre Antonio parecía crecer porque él sabía que yo les quería dar una buena función a los padres de Gary. Sentí que hasta yo me engañé cuando hice las sogas, parecían como que de verdad eran mágicas. Casi no podía controlar la sonrisa que tenía de lo que yo había cumplido desde que llegué primero al entrenamiento del circo. Solo que detuve la alegría dentro de mí porque yo sabía que el padre Antonio no podía estar orgulloso de mí porque a él le iba todo mal—el enfoque era él y no necesariamente nosotros. Me di cuenta que la pista del circo era para él, y no para nosotros.

Al padre Antonio, le seguía yendo mal. Hasta expuso la magia de las palomas al mismo tiempo que Günther, arruinando la ilusión de que las palomas se convertían en el conejo. Carmelo me dijo atrás de la cortina principal, "¿Qué está haciendo el padre Antonio?"

Yo me retiré de la furia del padre Antonio detrás de la cortina, porque parecía no tener control. Lo ignoré y no me molestó nada. Yo divirtiéndome, mirando, y sonriendo hacia la grabadora, al público, y a los padres de Gary. El padre Antonio se había dando cuenta que no me podía tocar psicológicamente. Quería pensar que había logrado esto y que no era solamente suerte. Por primera vez me pude enfocar sólo en el presente y la relación entre el público y especialmente quien era Yo.

Lo único que sentí era lástima, porque el padre Antonio parecía un niño necio en un berrinche. Pero por fin ya no le daba importancia. Me daba tristeza que él mismo violaba lo más sagrado—la pista del circo.

61

22 de Noviembre-Saint Charles, MO

El padre Antonio no me habló por los siguiente tres días pero me empezó a hablar el día en que Gary me iba a recogerme para ir a su casa a festejar el día de Acción de Gracias—quizás así no le platicaría a Gary de todo lo que pasaba en el circo.

El padre Antonio, como si nada hubiera pasado, me empezó hablar y a fastidiar, "Yo sé que a ti te gusta Gary y que te hubiera gustado verlo cuando se cambiaba en calzoncillos y mallas antes de la función."

"¡Como le he dicho, a mi no me atrae Gary, y nunca me atrajo! Pero si espero pasar un buen rato este fin de semana en su casa porque necesito un descanso del circo." Le contesté para que me dejara en paz.

Gary vino un poquito antes para poder ver la función, yo hablé con él brevemente. Pero como los dos sabíamos, no pudimos hablar mucho tiempo porque me iban a regañar si no ayudaba armar el circo. Por eso, Gary se fue a platicar con el padre Antonio al cual le dió mucha atención.

Durante la función Jack tuvo un poco de problemas con el monociclo jirafa—un monociclo como de dos metros de alto. Gary había perfeccionado esta habilidad el año pasado y Jack le quería demostrar que él también lo sabía hacer. Con los problemas que tuvo, Jack quedo irritado y por eso cuando tuve que trabajar junto con él en la perseguida de los monociclos, Jack me empujó fuerte con su mano. Yo pude recuperar mi balance y no me caí.

La muestra se acabó, yo estaba feliz porque todo me había ido bien y ya no se sentía como suerte sino que había superado mis habilidades. Por fin me sentí orgulloso de tener una función perfecta. Ni el padre Antonio me distraía. Yo estaba contento y listo para irme el fin de semana a casa de Gary. Pero antes de irme, lo primero que hice fué ir a despedirme de Carmelo y otra vez le pedí disculpas por no poder festejar en su casa.

Me fui a buscar a Jack para enfrentarlo y decirle que no me gustaba que me empujara dentro de la pista durante la función.

"¡Jack!" Le dije cuando lo vi.

"Sí," me dijo con unos ojos largos y caídos como de perrito y bajó la cabeza porque sabía que lo iba a regañar.

En ese momento cambié de opinión, no lo enfrenté, ya había suficientes regañados en el circo. Me dí cuenta de que su comportamiento era porque esto era lo que aprendíamos en el circo y su conducta solo era una reacción de todo lo tóxico en el circo.

"Yo tuve una función muy buena, ¿Y tú? Ojalá tengas un buen Día de Gracias." Le dije a Jack.

"Fue una buena función. Ten un buen Día de Gracias." Me respondió impulsivamente sin esperarlo.

62

Yo esperaba con placer el descanso que me había ofrecido Gary, aunque ya se me había olvidado qué era poder descansar por cuatro días. Quise demostrarle a Gary que estaba entusiasmado de verlo y conocer a su familia, pero en realidad estaba exhausto y solo quería descansar. Antes de irnos, le pregunté a Gary si Jenny podía ir con nosotros. Le dije que ella necesitaba un descanso. Él me dijo que sí.

Cuando Gary manejaba en la autopista, una mujer a nuestro lado frenó de repente. Después de todos los rechinidos de los carros, todo quedó en silencio. Nuestros corazones latían rápido. Gary preguntó si Jenny y yo estábamos bien. Luego, fue a ver como estaba la señora.

Cuando ya todos estaban bien, los tres nos desahogamos del casi accidente. Esto lubricó a platicar también del circo. Aunque solo le platicábamos lo superficial. Jenny y yo nos disculpamos de la forma como criticábamos el circo. Gary nos dijo que para eso nos había recogido e invitado a su casa porque sabía que necesitábamos desahogarnos del circo.

Los padres de Gary nos prepararon a cado uno un cuarto. Después de ya casi 100 funciones, se nos había olvidado qué era dormir en una cama, tener privacidad y no tener que ir a un baño público.

Al día sígute, la madre de Gary organizó una excursión en la ciudad de San Louis. Mientras, ella prepararía la cena típica de Acción de Gracias—el pavo, el relleno, el aderezo, los ejotes, la papas, y su *apple pie*. Lo que se me hizo más interesante de la excursión era que Carmelo vivía muy cerca del rancho famoso de caballos Clydesdale de Anheuser-Busch. También, sentí que Gary quería a Carmelo. Me decía que Carmelo era una joya. Yo no me atreví a decirle nada.

En la cena, Gary habló sobre lo duro que era estar en el circo físicamente. Aunque nosotros sabíamos que no se presentaban todas la verdades.

En la cuarta y última noche, Gary, su madre, y yo nos quedamos a platicar muy noche en el comedor. Yo lo hice con el propósito de alargar la noche.

En mi mente aún tenía la conversación que tuve con mi mamá. Me habían permitido hablarle a Guadalajara para saludarla. Mi mamá me había dicho que mi carta provocó que mi hermana y mi hermano menores decidieran decirle a ella que también ellos fueron abusados.

Cuando Gary fanfarroneaba a su madre que él lo había tenido más difícil que yo en el circo yo dije en voz baja, "A mí, el padre Antonio me pone revistas pornográficas debajo de mi almohada."

"¡A mí también!" Gary reveló.

Su madre casi se cayó de la silla.

Los dos empezamos a exponer muchos de los problemas del circo.

"Todos los problemas del circo son por la sexualidad del padre Antonio. Es cierto lo que dice Enrique." Gary terminó diciendo.

"¿Por qué no me dijiste nada?, ¿Por qué regresaste al circo después del descanso navideño? ¿Por qué permitiste que Enrique entrara al circo?" La mamá de Gary le preguntaba.

Gary agachó la cabeza.

"Él solo tenía diecisiete años." Le expliqué a su mamá.

No sé si él como yo había tenido relaciones con el padre Antonio. Eso no lo dijimos.

"No puedo dormir." Jenny entro al comedor. Al ver mis ojos, Jenny supo de lo que habíamos hablado.

Nos dejaron solos.

"¡No puedo volver al circo!" Le dije a Jenny.

"Yo sé que no puedes volver," Jenny se arrimó a mi lado y me abrazó. "Me alegra que por fin lo hiciste. Estaba esperando que tomaras ésta decisión. No se han preocupado por ti aunque te vez medio muerto. Te tienes que querer y cuidar."

Me derretí en ella.

"Enfrentaré al padre Antonio—por fin tendrá que hablar conmigo..." Jenny murmuraba. "No te preocupes. Sabes que yo soy una mujer fuerte..."

63

27 de Noviembre-O'Fallon, MO

La madre de Gary me rogó que no fuera a enfrentar al padre Antonio. Yo no le hice caso porque sentía que esto era cosa entre el padre y yo. También, tenia la esperanza de ver a Carmelo por última vez.

"No puedes ver a los demás." Fue lo primero que dijo el padre Antonio, "Y, me alegra que no viniste a nuestra última función a reírte de cómo le batallamos sin ti. En el pasado, los que se iban venían a burlarse de nosotros al día siguiente."

"Yo no vine a jugar juegos," le respondí firmemente, "Le vine a decir que cuando me quedé en la casa de Gary, todo lo que esta pasado aquí en el circo se supo."

"Yo sabía que algo así había pasado. Yo se que la madre de Gary estaba detrás de todo esto."

"¡Ella no tiene nada que ver con esto! Y ahora, que yo ya no soy un misionero le quiero decir todo lo que veo mal en el circo. Usted se aprovecha de su posición como sacerdote, abusa de su poder, no es un buen modelo para la gente *gay*, y usted esta mentalmente enfermo para dirigir jóvenes que no tienen ningún contacto al mundo afuera...."

"Yo sé que estoy enfermo mentalmente." El padre Antonio se disculpó, "Esta vez de verdad voy a cambiar."

"Precisamente, por eso usted no debería estar dirigiendo el circo."

"¡No! El circo tiene que seguir pase lo que pase." Me lo dijo imitando a Charlton Heston en la película *El Mayor Espectáculo Del Mundo*.

"Ya es tiempo que se lo dé a Mario. Usted mismo me dijo que el circo se lo iba a dar a él."

"No, todo esto pasó porque estoy enamorado de ti. Te tengo miedo." Empezó a llorar.

"Primero tiene que cambiar la forma en la que trata a los *Primeros de Mayo*."

"Si, te lo prometo." Me dijo rogando.

"¡Me hace enojar que yo tenga que decirle como debe comportarse cuando usted es sacerdote!" Le dije después de un rato de convencerme, "Tengo que ir por mi cosas en la casa de Gary. Su mamá me estaba esperando en el carro."

"Haz lo que tienes que hacer. Aquí te esperaremos," me dijo amablemente.

"Bueno ahorita regreso." Le dije ya convencido.

"Si no regresas, ni pienses que te voy a ayudar con tu pasaje. El manual del circo específicamente dice que te tienes que esperar hasta el descanso navideño. Todavía no has trabajado lo suficiente." En voz alta me reclamó al yo retirarme.

"¡Yo no vine a pedirle nada!" Me defendí.

"Aquí te esperamos." Me dijo.

"Es todo. Nos podemos ir." Le dije a la madre de Gary cuando entré al carro. Ella aceleró el carro y dejó una nube de polvo alrededor del padre Antonio. Parecía que por fin ella se había vengado.

No le dije nada de lo que pasó. Ni que yo había pensado regresar. Que el padre Antonio me iba a estar esperando.

Yo no tenía ni un cinco. Sin dinero estaba en un lugar que no conocía.

Me sentí atrapado.

64

28 de Noviembre-San Louis, MO

"Quiero verte. En diez minutos estoy allí." Carmelo me llamó, "Tengo el carro de mi mamá."

"Me dí cuenta que mis hermanos pequeños también fueron abusados. El circo me recuerda eso y no es un lugar saludable para mí...." Le dije al momento que llegó y me metí al carro cuando se estacionó en frente de la casa de Gary.

"Yo sé. Tienes que salirte."

"Yo sé que soy *gay.* Estar aquí me está confundiendo más y por eso me tengo que ir...."

"Yo te apoyó en cualquier cosa." Carmelo alargó sus brazos y me quiso besar.

"¿Estás seguro? Nos puede ver la familia de Gary." Le dije.

"¡No me importa!"

Poniendo su lengua húmeda adentro de mi boca, nos besamos con la pasión que dos chicos de veinte años. De una esquina, vi alguien por la ventana.

"Alguien nos vio." Me retiré de Carmelo. "Creo que era Gary."

"No importa. Nunca me había sentido con alguien como me siento contigo." Se acercó a mis labios otra vez.

"A mí tampoco me importa." Murmuré entre mis labios al besar a Carmelo.

En ese instante me dí cuenta que tenía una fuerza indestructible dentro de mí. Por primera vez sentí el esplendor de mi alma *quiye'mati.* Era como si me hubiera encontrado 'El Tesoro de Cuauhtémoc.' Que siempre había estado dentro de mí. No se tenía que buscara afuera.

"¿Qué pasará con nosotros?" le pregunté.

"No sé." Él lo dijo sin separar nuestros labios de nuestro beso.

Dudando que si él era *gay*. Le dije al separarme finalmente de él, "Te voy a extrañar."

"Yo, también." Carmelo se me arrimó y me dio un último beso.

Cuando me dirigí a la casa de Gary, sentí miedo de la posibilidad de estar solo para siempre, usualmente las madres aterrorizaban a los hijos *gay*. Me di cuenta que tenía mucho trabajo interior para sanar. Había crecido en una cultura latina que me había seducido con todo su esplendor heterosexual y que a mí como *gay* nunca me había reconocido. A mí se me había negado la existencia y que por ello pasé abusos y horrores. Me di cuenta que los demonios eran los pensamientos que había inculcado la sociedad. Estos pensamientos internos creaban el infierno.

Por fin, decidí no regresar al circo. Sandy me dio refugio en Los Ángeles. Yo empecé un tratamiento psicológico y curanderismo *gay*-afirmativo para conocerme por completo y para empezar a amarme. Con ese tratamiento, pasara lo que pasara, yo tendría un fuerte amor y afirmación a mi alma *gay*. Conocería por primera vez mi Sí-mismo.

En el momento de mi muerte aunque solo, yo estaría preparado al encontrarme uno-a-uno con mi Creador. Como un águila descendiendo, Él vendría por mí con sus alas abiertas como lo hizo Zeus con Ganimedes. Al elevarme, Él absorbería todas mis homoeróticas aventuras Kalimaneanas que tuve en este mundo. Me diría que yo hubiera expresado todos mis enojos contra los Dioses por la homofobia en este mundo—que para eso estaban y que eso los conmueve. Yo me recargaría desnudo entre su pecho muscular. Él me acariciaría suavemente con sus plumas y con su lengua serpentina eróticamente humedecería todos mis valles corporales desapareciendo mis memorias de mis traumas causadas por la homofobia. Incapaz de tolerar el éxtasis, mi alma *quiye'mati* por fin se vencería. Alumbrándose y sin poder detenerse, se mezclaría en Él. Lo estrellado se absorbería y se apagaría en la Nada.

Epílogo

Lo que hubiera querido decirle al Padre Antonio al enfrentarlo:

"Tú fuiste la primera persona en el mundo que me enseño que ser *gay* es un don. Por ti, empecé a recordar, aceptar, y amar algo que yo era mucho antes de que yo naciera. Desafortunadamente, lo de nosotros no funcionó porque los dos estábamos severamente dañados por haber crecido en sociedades que no nos apoyan. Apenas acabo de tomar el primer paso 'de salir del armario'. El segundo paso es conocerme profundamente para sanar—esto requiere ayuda profesional dirigido de un pensamiento *gay*-afirmativo. Para mejorar al mundo entero, cada uno se tiene que hacer responsable de lo que uno trae adentro. No es suficiente solo 'salir del armario' o pensar que uno no es homofóbico, sexista, o racista.

Para empezar, yo tengo que irme de aquí porque no puedo ser parte de una institución, aunque este disfrazada de un circo que no reconoce que *gay* es divino y que no iguala a las mujeres. Ni se honora el espritu de los animales. Además, no puedo estar en un lugar donde se sigue escondiendo lo que somos.

Te pido disculpas porque te voy a culpar de cosas que a mí me hicieron antes de que te conociera, sin identificar claramente de donde vino todo—mi niñez. Me doy cuenta que sigo cargando con todo lo mío, aunque yo pensaba que yo podía empezar de nuevo al entrar a otro mundo con solo una simple mochila. Unas cosas si fueron tus violencias, y por eso les diré a tus supervisores de lo que yo vi con la esperanza de que ya no se lastimen más. Ojala, y sanes y que ellos sepan lo mejor que hacer en descifrar este enredo; yo todavía no tengo la preparación.

Me voy solo, sintiendo que se me rompe el alma al dejar a Carmelo y las amistades que florecieron. Yo duraré mucho años en entender que pasó—perderé los detalles y lo contaré como si fuera un *deja vu*.

Tardaré mucho en darme cuenta de la Gran Mentira, 'Que en un cuento no existen héroes ni villanos'. Como lo dijo Quetzalcóatl, todos somos iguales, aunque creemos que somos pintura buena o mala, todo se desgasta y desaparece con el tiempo."

23 de Noviembre de 1990

Estimado Padre,

Lo he contactado porque tengo una gran preocupación, y he tenido poca ayuda de otros superiores en la iglesia. Espero que usted pueda leer esta carta con gran preocupación para los que necesitan su ayuda y están en gran peligro, al revelar unas verdades difíciles.

Yo siempre he estado apegado a la Iglesia Católica y ha sido una gran parte de mi vida. Mis padres me enseñaron los valores tradicionales de la iglesia. De hecho, una vez creí que fui escogido para servir a Dios. Pero ahora, me siento defraudado con las cosas que vi en la iglesia. Aunque se ha caído mi concepto de la religión, mi fe todavía queda intacta. Por eso le puedo decir todo esto. Ahora estoy trabajando como consejero de niños con problemas emocionales, y empezare mis estudios de postgraduado. Más que nunca, estoy convencido que algo se debe de hacerse con el circo del padre Antonio.

Todo comenzó hace un año, por lo menos lo que yo vi. Yo estaba para graduarme del colegio en Los Ángeles cuando el circo vino en 1989. El evento de tener al circo en la universidad fue un gran éxito. Era uno de los ministerios más impresionantes que yo había visto. Fue tan grande el espectáculo que por lo menos 10 estudiantes de la escuela pidieron aplicaciones porque querían ser voluntarios. Yo fui uno de ellos. Supongo que mi entusiasmo hizo que yo fuera uno de los seleccionados, de todos los que habían aplicado en los Estados Unidos.

El 2 de Julio, comenzamos nuestro entrenamiento en el noviciado Sebastianista en Santa Bárbara. Durante ese año iba haber un total de seis ejecutantes voluntarios, un gerente, y co-gerente, todos bajo la dirección del Padre Antonio. Al principio como se esperaba, tuvimos momentos difíciles. Pero todos estábamos entusiasmados en trabajar duro para que se hiciera ese ministerio posible.

Una vez en el camino y ya viviendo juntos, yo si esperaba que hubiera conflictos entre nosotros, pero nunca me había imaginado que humillante y degradante iba hacer para nosotros, especialmente con los voluntarios jóvenes que apenas habían terminado la secundaria. Yo era uno de los ejecutantes mayores. Las humillaciones principalmente venían del padre Antonio. Ni estoy tomando en cuenta de nos hacían trabajar en exceso, dormíamos poco, teníamos poca comunicación con el mundo afuera, y no había ningún guía. No había tiempo para reflexionar. El Padre Antonio se reía y degradaba a todo tipo de personas. El predicaba racismo y sexismo. Desafortunadamente, el Padre Antonio era el único líder que teníamos y parecía aprovecharse de su posición, porque estábamos aislados de todos.

Le daré una breve y concisa explicación de las cosas que después siguieron. Jenny era la única mujer ejecutante ese año. El padre Antonio la ignoró en una manera inhumana que nunca había visto. Cuando Jenny le hablaba al padre Antonio, la ignoraba como si no existía, solo porque ella era mujer. Él le hablo más o menos tres frases durante todo el tiempo que ella estaba en el circo y lo que le dijo no era nada agradable—creo que así se trato a las mujeres anteriormente. El padre Antonio me dijo que odiaba a las mujeres y que por eso se hizo sacerdote así nunca tendría que vivir con mujeres por el resto de su vida.

Económicamente, nosotros nunca pedíamos mucho porque no nos preocupaba ese aspecto porque éramos misioneros. A nosotros se nos dio alrededor de $10 por mes. Hasta se nos pedía dar un recibo por lo que gastábamos. Pero en cambio, el padre Antonio me dijo, "No lo puedo creer que he tomado votos de pobreza porque tengo tres cuentas de ahorro en mi nombre y poseo como 100 mil dólares de equipo del circo." Íbamos a ejecutar más de 200 funciones durante el año y se cobraba $450 dólares como donación mínima. Esto no incluía las donaciones que pedíamos. También, hacíamos una gran cantidad de dinero al vender dulce de algodón. A las escuelas privadas católicas se les llamaba por adelantado para asegurar que los padres les dieran dinero a sus niños para comprar el algodón. A veces, el circo hacia más de $200 en ganancia. Una vez, en el estado de Illinois en una escuela donde casi todos los niños eran africano-americanos, el padre Antonio les llamó a los niños, "monos negros" y otros nombres racistas porque el circo no hizo ganancias ese día. En ese momento fue cuando empecé a dudar en la misión del circo.

Al principio de nuestro recorrido, el padre Antonio me preguntó si podía ser su compañero de cuarto. No me sentí a gusto, se me hacia raro ser compañero de un sacerdote, pero yo confíe en el debido a su posición en la iglesia. Las cosas empezaron a ponerse peor cuando el padre Antonio comenzó a poner revistas pornográficas en mi cama. No supe que pensar al principio y lo que todo esto significaba. En una ocasión, él me dijo que se sentía atraído hacia mí. También, me dijo que estaba atraído hacia alguno de los ejecutantes jóvenes en nuestro grupo, ejecutantes previos, y algunos de los jovenzuelos masculinos en el público. Él me dijo que le había contado a los noviciados que había hecho una buena elección este año, en otras palabras, él seleccionaba en gran parte a los ejecutantes con base a su atracción física. Jenny la había seleccionado porque le habían dicho que se vería bien para el circo tener una mujer.

El 18 de Septiembre de 1989, el padre Antonio me pidió tener sexo con él. Yo me asusté y empecé a temblar con miedo. Lo dije que no quería porque yo había sido abusado sexualmente a la edad de 12 años. Me dijo que yo hubiera sido adorable a los doce años y procedió a tener sexo conmigo. Con tiempo me dí cuenta de que usaba su posición en la religión y nuestra situación lejos de todos para hacer lo que él quería. El padre Antonio me mencionó que aproximadamente hace 10 años lo habían acusado de molestar sexualmente a un menor y que lo habían cubierto todo. Me dijo que él a menudo se metía en este tipo de situaciones—que recurría a dañar a las personas. El padre Antonio severamente ignoró a un ejecutante que apenas había cumplido 18 años porque no tenía sexo con él. Otro ejecutante previo, que tenía diecisiete años cuando empezó el circo, me dijo, "Todo los problemas en el circo derivan de la sexualidad del padre Antonio." A él también le ponía revistas pornográficas. Quiero aclararle, que el problema no es la orientación sexual del padre, sino él abusó de su poder como director y sacerdote, porque yo mismo soy *gay*.

Yo continué en el circo para dar apoyo a los nuevos ejecutores y tratar de que hubiera sanidad en el circo. Desafortunadamente, tuve el rol de mediador en este grupo disfuncional. Traté de poner las cosas en orden pero nada mejoraba. El circo me empezó a desgastar severamente. Con tiempo me di cuenta que el padre Antonio era una persona muy enferma mentalmente. Él estaba tomando medicamento psicotrópico. Él dormía mucho durante el día y bebía alcohol. También, dejaba que se les sirviera alcohol a los ejecutantes que eran menores de edad.

Hay demasiado cosas cubiertas sobre el circo y no entiendo por qué la iglesia permite el apoyar que tal hombre sea el líder de este, si ustedes saben ya algo de su conducta. En primera, el padre Antonio esta a miles de millas, lejos de cualquier supervisión. Estos adolescentes no tienen el acceso para contactarse con alguien fuera del circo. El correo dura varias semanas para recibir una carta, y no tienen el dinero para hacer una llamada de teléfono. Además, ellos se están mudando constantemente.

En el Día de Acción de Gracias, el 23 de Noviembre, un ejecutante del pasado me invito a quedarme con su familia. Por primera vez, pude ver todo con una luz muy diferente. Me dí cuenta de que no se podía hacer nada con el circo. Esto lo confirmo un ejecutante previo y una de las razones por las que él se salio. Yo ya no podía dar nada físicamente y mentalmente. Me tenía que salir porque ya no creía en la misión del circo. El padre Antonio se negó a darme dinero para regresarme a mi casa. Me dijo que no me podía ayudar financieramente porque no había trabajado lo suficiente. Yo estaba a miles de millas de mi hogar y no tenía nada de dinero disponible. Me sentí encarcelado por él. De todos modos me salí. Los nuevos ejecutantes tenían que esperar hasta la Navidad para salir, y por lo que ellos me dijeron el padre Antonio se puso hasta más maligno, dos más se salieron.

El padre Antonio trató de que me sintiera culpable de que iba a dejar a los nuevos ejecutantes porque me necesitaban tanto. Trato de hacerme sentirme culpable de lo que él había creado. Unas de las primeras cosas que hice al regresar a California fue ir al noviciado de Sebastianistas en Santa Bárbara y le pregunté a uno de los novicios si él sabia de todo lo que pasaba. Lo único que me dijo era, "Lo sabia, lo sabia, que Antonio lo iba hacer de nuevo, es un viejo cochino." El también había estado en la misma situación en la cual yo estuve. Lo habían hospitalizado después de estar en el circo hasta Navidad.

Yo hablé con mi consejera católica de la universidad. Preocupada, ella contacto a unos individuos en la iglesia. Por lo que se me contó, el padre Antonio estaba contento porque los superiores que se habían contactado no iban hacer nada. Por eso yo lo he contactado. Yo he tomado un año para escribir esta carta y pensarlo bien. La belleza externa del circo de ninguna forma compensa el daño ocultado que se inflige a sus dedicados misioneros. Gracias por su preocupación.

En gratitud,

Enrique

Oficina del Obispo
27 de Noviembre de 1990

Estimado Enrique,

He recibido tu carta del 23 de Noviembre con lo incluido. Entiendo tu preocupación y aprecio tu candor.

No está claro en tu carta o lo incluido si te has comunicado directamente con el Provinciano. Como Provinciano, él tiene principal y directa jurisdicción en esto, no el obispo local.

Tu carta indica que quieres atraer la atención a tus preocupaciones, inmediatamente le transmitiré tus materiales. Estoy seguro que él le dará rápida y atención apropiada.

Cualquier información o preguntas que tengas se deberán enviar directamente al Provincial. Tienes la libertad de tenerme al corriente y de informarme cuando deseas.

Mis gracias de nuevo por el servicio generoso y candor por la iglesia que reflejó en tu carta, y estarás en mis oraciones en las circunstancias difíciles que te encuentras.

Sinceramente,

Obispo

Oficina del Rector
1 de Diciembre de 1990

Estimado Enrique,

Quiero reconocer que recibí tu carta del 23 de Noviembre.

En cuanto la recibí, telefoneé a nuestra oficina provincial para verificar esto con el provinciano e informarle de la situación que describiste y preguntar si había algo que yo pudiera hacer con respecto a esto.

Como el provinciano estaba fuera, sus ayudantes me aseguraron que el Provinciano estaría en contacto contigo y el padre Antonio para resolver esta situación. También me indicó que estaría mejor si la conversación quedara al nivel que se ha seguido hasta ahora.

Es mi oración que el diálogo continúe a la satisfacción de todos los partidos envueltos.

Sinceramente,

El Rector

Sociedad de San Sebastián
26 de Noviembre, 1990

Estimado Enrique:

Muchas gracias por tu carta del 23 de Noviembre respecto al padre Antonio. Yo he recibido varios comentarios sobre la conducta de padre Antonio en el circo antes, pero siempre indirectamente y por terceras personas. Por consiguiente, me alegra ser informado de alguien que fue directamente inmiscuido en el problema. Puedes estar seguro que hablaré con el padre Antonio directamente sobre las cosas que me contaste en tu carta y tomare los pasos apropiados.

Mientras tanto, apreciaría muchísimo recibir el diario que me ofreciste mandar.

Sinceramente espero que cualquier herida que hayas recibido sane, y te prometo un lugar en mis oraciones diarias.

Esperando con placer recibir tu libro,
Sinceramente en Cristo,

El Provinciano

Orden de San Sebastián
14 de Enero de 1991

Estimado Enrique:

Tu carta del 23 de Noviembre de 1990, fue en buena parte, el asunto de una conversación que tuve con el padre Antonio en los últimos de Diciembre. Me ayudaste a entender la tensión excesiva que el padre Antonio ha tenido siendo el gerente del circo por tantos años.

Le pedí al Padre Antonio que dejara el circo después de este año y regresara a California para descansar y tener una nueva asignación. Al circo se le terminara su apoyo como parte de la iglesia al final de realizar su horario anual.

No se le dio al padre Antonio tu carta. Aunque, si la usé como la base de mi interrogatorio del pasado y su reciente conducta. Guardaré tu carta confidencialmente.

Te deseo lo mejor.

Sinceramente,

El Provinciano

Autor

El Dr. Enrique López-Carlos es abiertamente *gay* y como persona de color, sus intereses incluyen cómo la LGBT-fobia afecta el cuidado psicológico y médico en minorías Lesbiana-Gay-Bisexual-Trans (LGBT). Apoya al *Institute for Contemporary Uranian Psychoanalysis*. Él es Profesor Asistente del *Department of Psychiatry and Behavioral Neurosciences, Cedar-Sinai Medical Center,* y *David Geffen School of Medicine at UCLA*. Actualmente, es el Jefe en la Sección de Psicología en Cedar-Sinai Medical Center y el Director del Programa de Entrenamiento en Neuropsicología

El Dr. López-Carlos atendió Occidental College. Él obtuvo su Doctorado en Psicología Clínica y terminó un post-doctorado en neuropsicología con especialidades interculturales y de salud medica en el Instituto Neuropsiquiátrico y Hospital de UCLA. Trabajó como facultad en el Harbor-UCLA Medical Center en Servicios de Salud Mental en VIH.

Él fue también un miembro de la Junta de Revisión Institucional (Institutional Review Board) para proteger los derechos y el bienestar de todos aquellos sujetos que participen en proyectos de investigación llevados a cabo en AIDS Project Los Ángeles (APLA).

www.ingramcontent.com/pod-product-compliance
Lightning Source LLC
Chambersburg PA
CBHW070808270326
41927CB00010B/2351